V&R unipress

ZEITGESCHICHTE

zeitgeschichte
51. Jg., Heft 2 (2024)

Ideologische Transfers und Kontinuitäten (Nach-)Wirkungen der NS-Zeit

Herausgegeben von
Agnes Meisinger und Oliver Rathkolb

V&R unipress

Vienna University Press

Inhalt

Agnes Meisinger / Oliver Rathkolb
Editorial 177

Artikel

Alicja Bartnicka
Heinrich Himmlers Kontakte mit Polen 1933–1939 181

Christian Klösch
„Operazija Ossoawiachim". Österreichische Techniker im sowjetischen
Raketenprogramm (1945–1958) 207

Isolde Vogel
Die „jüdisch-amerikanische Weltverschwörung". Antisemitische Bilder in
der rechtsextremen Zeitschrift *Aula* 235

zeitgeschichte extra

Elisa Heinrich
Equal Rights, equal Punishment? German Feminists discuss
the impending Criminalisation of Female Homosexuality before
World War I 267

Abstracts 285

Rezensionen

Michael Gehler
Axel Schildt, Medien-Intellektuelle in der Bundesrepublik 291

Heimo Gruber
Bernhard Kuschey, Flucht, Exil und Rückkehr österreichischer
SozialistInnen. Anhand der Korrespondenzen von Ella und
Karl Heinz 293

Leon Kolb
Dirk Oschmann, Der Osten: eine westdeutsche Erfindung 297

Autor:innen 301

Agnes Meisinger / Oliver Rathkolb

Editorial

In diesem Heft wird die methodische Vielfalt und inhaltliche Breite zeitge-schichtlicher Forschung deutlich, die auch zunehmend das späte 19. Jahrhundert als Untersuchungszeitraum entdeckt und nach wie vor den Nationalsozialismus, aber auch dessen ideologischen Wirkungen bis in die 2000er-Jahre kritisch the-matisiert.

Alicja Bartnicka analysiert ein kaum bekanntes Kapitel der deutsch-polni-schen Geschichte und die außenpolitischen Versuche, eine Art Ausgleich Polens mit dem nationalsozialistischen Deutschland zu verhandeln, um die Vertreibung der in Deutschland lebenden Pol:innen zu verhindern. Dabei spielte nicht nur das Auswärtige Amt, sondern auch Heinrich Himmler eine zentrale Rolle: Als Chef der Deutschen Polizei kontrollierte er nicht nur die gesamten Polizeiverbände sowie die SS, er verhandelte auch mit polnischen Stellen über die Deportation von 17.000 im Jahr 1938 verhafteten Jüdinnen und Juden, die aus Polen stammten, von denen viele aber nicht mehr polnische Staatsbürger:innen waren. Der Beitrag verdeutlicht, wie Himmlers Ideen von „Blut und Boden" für deutsche Bauern und das rassistisch geprägte Streben nach „Lebensraum" in seinen politischen Überzeugungen verankert waren. Die ab Oktober 1939 beginnende rassistische Umsiedlungs- und Verfolgungspolitik gegenüber Jüdinnen und Juden und auch anderen Pol:innen war zu diesem Zeitpunkt ideologisch längst vorbereitet.

Christian Klösch beleuchtet anhand biografischer Studien ausführlich die Arbeit und Karrieren österreichischer Techniker im sowjetischen Raketenpro-gramm nach dem Zweiten Weltkrieg. Darüber hinaus werden persönliche Er-fahrungen und Beziehungen untereinander sowie mit den sowjetischen Behör-den detailliert beschrieben. Der Blick auf die russische Nachkriegsgeschichts-schreibung zeigt, dass die Bedeutung und der Einfluss der „importierten" Spezialisten heruntergespielt wurde. Der Beitrag bietet einen umfassenden Einblick in die komplexe Thematik des Wissenstransfers im Bereich der Rake-tentechnologie im frühen Kalten Krieg.

Mittels antisemitismuskritischer Bildanalyse untersucht Isolde Vogel die Ikonologie des Antisemitismus in der rechtsextremen Zeitschrift *Aula* und beleuchtet dabei Veränderungen und Kontinuitäten antisemitischer Bilder. Die Autorin betont etwa, dass sich antisemitische Darstellungen nicht nur auf den „Stürmer-Juden" unter Rückgriff auf bekannte Bildtraditionen beschränken, sondern auch modernere Formen annehmen, wie die imaginierte „jüdisch-amerikanische Weltverschwörung". Die Verbindung zwischen Juden und den Vereinigten Staaten in antisemitischer Tradition wird durch die gemeinsame Darstellung der USA und Israels verstärkt. Die Analyse zeigt, dass Antisemitismus im Bild nicht nur durch offene Darstellungen, sondern auch durch subtilere und implizite Ausdrucksformen präsent ist.

Im *zeitgeschichte-extra*-Beitrag analysiert Elisa Heinrich die Reaktionen von Aktivistinnen der ersten Frauenbewegung auf die drohende Kriminalisierung weiblicher Homosexualität im Deutschen Reich zu Beginn des 20. Jahrhunderts. Im Gegensatz zu Österreich, wo § 129 Ib weibliche und männliche Homosexualität unter Strafe stellte, kriminalisierte der deutsche § 175 lediglich sexuelle Handlungen zwischen Männern. Ein Reformentwurf des Strafgesetzes von 1909 hatte die Ausdehnung des Paragrafen auf Frauen zum Ziel. Anhand von Pressepublikationen, persönlichen Korrespondenzen und neuem Quellenmaterial werden die komplexen Positionen, Diskurse und Kontroversen innerhalb der Frauenbewegung im Hinblick auf weibliche Homosexualität und ihre mögliche Strafverfolgung untersucht. Dabei zeigt die Autorin, dass dem Schweigen über Homosexualität in der Öffentlichkeit oft hart geführte, interne Debatten und Verhandlungen vorausgingen.

Artikel

Alicja Bartnicka

Heinrich Himmlers Kontakte mit Polen 1933–1939

Heinrich Himmler (1900–1945), einer der Hauptverantwortlichen für die unmenschliche „Rassenpolitik" des Deutschen Reiches, die im Holocaust gipfelte, hat eine detaillierte Liste seiner gelesenen Bücher hinterlassen. Darunter befindet sich auch der Roman *Die Kreuzritter* des berühmten polnischen Schriftstellers und Trägers des Literaturnobelpreises von 1905, Henryk Sienkiewicz. Dieses Werk dürfte Himmler zweifellos interessiert haben, da sein historischer Hintergrund der Konflikt zwischen dem von der Jagiellonen-Dynastie regierten Polen und dem Orden der Brüder vom Deutschen Hospital Sankt Mariens in Jerusalem behandelt, einschließlich der für die polnische Seite entscheidenden Schlacht von Grunwald bzw. – in der deutschen Überlieferung – Tannenberg. Nach der Lektüre im April 1920 notierte der damals kaum zwanzigjährige spätere Reichsführer-SS Himmler, der Roman zeichne zwar ein außerordentlich lebendiges Bild der beschriebenen Zeit, „jedoch durch die Brille polnischer Arroganz und Leidenschaft gesehen", die „für Polen alles weiß und für die Deutschen alles schwarz malt".[1] Diese Anmerkung ist einer der frühesten Kommentare Himmlers zum Thema Polen und seiner Bevölkerung. Diese recht radikal ausformulierte Bewertung wurzelte zweifellos in den komplizierten deutsch-polnischen Vorurteilen, wie sie für jene Zeit charakteristisch waren. Man kann allgemein formulieren, dass Polenfeindschaft in Deutschland ebenso wie Deutschlandfeindlichkeit in Polen während der Weimarer Republik als Zeichen von Patriotismus galten;[2] Himmlers kleine Notiz fällt also hier wohl nicht aus der Reihe. Sein Wissen über die polnische Nation war 1920 zweifellos selektiv, und es scheint, dass sich daran bis zum Ausbruch des Zweiten Weltkriegs auch nichts änderte. Auch gab es keinen Anlass dazu, da polnische Themen zu jener Zeit für Himmlers

---

1 Lektüreliste Heinrich Himmlers, Position Nr. 25, gelesen vom 8.-17. 4. 1920, Bl. 25. Bundesarchiv Koblenz (nachstehend: BAK), Nachlass Himmler, N 1126/9.

2 Eugeniusz Cezary Król, Polska i Polacy w propagandzie narodowego socjalizmu w Niemczech 1919-1945 [Polen und seine Bevölkerung in der Propaganda des Nationalsozialismus in Deutschland 1919–1945], Warszawa 2006, 78.

politische Tätigkeit eine völlig untergeordnete Rolle spielten. Polen lag nicht im Zentrum des Interesses des künftigen Reichsführers-SS.

Als die Nationalsozialisten 1933 die Macht in Deutschland übernahmen, war die Position Himmlers in den Parteistrukturen der NSDAP bereits einigermaßen gefestigt, wenngleich noch nicht besonders bedeutend. Der junge Agrarwissenschaftler aus Bayern war der Partei im August 1923 auf Anregung und mit der Bürgschaft seines damaligen Mentors Ernst Röhm beigetreten.[3] Anfangs beschränkte sich seine Tätigkeit fast ausschließlich auf Propaganda für die entstehende Partei.[4] Einen Durchbruch in Heinrich Himmlers politischer Karriere bedeutete erst der 6. Januar 1929, als Adolf Hitler ihm die Funktion des Reichsführers-SS übertrug.[5] Dabei ist allerdings zu beachten, dass die Schutzstaffel (SS) Ende 1928 erst 280 Mitglieder zählte;[6] das bedeutet, dass die Funktion des Reichsführers dieser Formation zu diesem Zeitpunkt kein Zeichen für eine besondere Prominenz ihres Trägers war, sondern eher einer Dienststellung mittleren Ranges entsprach. Auch die Aufgabe der SS bestand damals im Wesentlichen im Vertrieb der Parteipresse; nichts deutete darauf hin, dass diese Formation künftig zu einer der einflussreichsten Institutionen des Deutschen Reiches werden sollte.[7] Himmler war auch nicht der erste Reichsführer. Er hatte die SS zwar nicht gegründet, aber ihre Strukturen effizient ausgebaut.[8] Die von ihm getroffenen Regelungen[9] und die Reorganisation des inneren Aufbaus oder der Anspruch an die SS, eine rassische Elite darzustellen,[10] führten dazu, dass die

---

3 Dusan Hamšik, Drugi człowiek Trzeciej Rzeszy, übersetzt von U. Janus [Der zweite Mann des Dritten Reiches], Warszawa 1991, 18.
4 Peter Longerich, Himmler. Buchalter śmierci, übersetzt von S. Szymański, J. Skowroński [deutsche Originalausgabe: Himmler. Eine Biographie, München 2007], Warszawa 2014, 105.
5 Erlass Adolf Hitlers vom 20.1.1929 über die Ernennung von Heinrich Himmler zum Reichsführer SS, Bl. 34. Bundesarchiv Berlin-Lichterfelde (nachstehend: BArch), Persönlicher Stab Reichsführer-SS, NS 19/1934.
6 Vgl. z.B. Personalstärke der SS im März und April 1935, Bl. 2–3, BArch, NS 19/1472; Personalstärke der SS im April und Mai 1935, Bl. 2–6, 9f, BArch, NS 19/1473. Auch während des Krieges wurden regelmäßige Statistiken zur Stärke der SS geführt, vgl. Personalstärke der SS per Ende Dezember 1940, Bl. 4–6; 26; 31, BArch, NS 19/1574; Personalstärke der SS per Ende Juni 1941, Bl. 1; 4–6; 26, BArch, NS 19/1653; Personalstärke der SS per Ende Dezember 1942, Bl. 4–6; 28, BArch, NS 19/1654; Personalstärke der SS per Ende Dezember 1943, Bl. 5–7; 28–29, BArch, NS 19/1474.
7 Hamšik, a.a.O., 36.
8 Nach der im Auftrag Himmlers geführten Statistik gehörten der SS im Dezember 1939, also kurz nach Kriegsausbruch, einschließlich der Waffen-SS 258 456 Personen an. Vgl. Statistik zur Entwicklung der SS bis zum 1.1.1943, Bl. 79–80, BArch, NS 19/2097.
9 Richtlinien Himmlers zur Auswahl von Bewerbern für die SS vom 4.10.1932, Bl. 123, BArch, NS 19/1720.
10 Felix Kersten, Totenkopf und Treue. Heinrich Himmler ohne Uniform, Hamburg 1952, 98–100.

Organisation relativ schnell Einfluss auf allen Ebenen der staatlichen Tätigkeit gewann und eine Art Staat im Staat wurde.[11]

Nach der nationalsozialistischen Machtergreifung gelang es Himmler auch, die Geheime Staatspolizei (Gestapo) unter seine Kontrolle zu bringen; anschließend verschmolz er sie mit der Kriminalpolizei (Kripo) und unterstellte diese dem Chef des Sicherheitsdienstes der Partei (SD). Diese Behörden zu beherrschen, bedeutete nicht nur die Kontrolle über die polizeiliche Exekutive, sondern auch die Möglichkeit, innere Gegner des Reichs zu überwachen und zu bekämpfen; diese Tätigkeit wurde nach Kriegsbeginn auf die besetzten Länder ausgeweitet. Vor allem aber waren die SS und ab 1934 auch die Gestapo[12] für Himmler zwischen seiner Nominierung als Reichsführer bis zum September 1939 Werkzeuge, um die Realisierung seiner rassischen Vorstellungen zu ermöglichen und eine rassische Elite der Nation heranzuziehen.[13] Anzumerken ist, dass Himmler, der zuvor für Adolf Hitlers persönliche Sicherheit gesorgt hatte, mit der Machtübernahme am 30. Januar 1933 kein hervorgehobenes politisches Amt erhielt und zunächst von den zentralen Entscheidungsprozessen ferngehalten wurde.[14] Er war der große Verlierer unter den an der Machtergreifung beteiligten Mitgliedern der NSDAP und konzentrierte sich zunächst auf die Bekämpfung der Gegner des Regimes. Bereits am 20. März 1933 gründete er in der Nähe des bayerischen Städtchens Dachau das erste Konzentrationslager, das in Deutschland als Musterlager galt.[15] Dieser Ort wurde vom Beginn seiner Existenz an als

---

11　Heinz Höhne, Zakon Trupiej Czaszki, übersetzt von S. Kędzierski [deutsche Originalausgabe: Der Orden unter dem Totenkopf. Die Geschichte der SS, Gütersloh 1967], Warszawa 2006, 37.

12　Frank McDonough, Gestapo. Mity i prawda o tajnej policji Hitlera, übersetzt von T. Szlagor [Die Gestapo. Mythen und Wahrheit über Hitlers Geheimpolizei], Wrocław 2015, 34.

13　Das beste Beispiel hierfür ist der von Himmler am 31. Dezember 1931 verkündete „Befehl über Verlobungen und Eheschließungen", dessen restriktive Einhaltung künftig zur „Zucht" einer rassisch reinen Gesellschaft beitragen sollte. Im Text des Befehls ist von der „Notwendigkeit, Blut von hoher rassischer und genetischer Qualität zu züchten", die Rede. Aus diesem Grund mussten unverheiratete SS-Mitglieder vom Reichsführer persönlich die Genehmigung zur Eheschließung erwirken und einen entsprechenden Antrag an das Rasse- und Siedlungshauptamt der SS stellen (vgl. Befehl des Reichsführers SS über Verlobungen und Eheschließungen, Bl. 125, BArch, Rasse- und Siedlungshauptamt-SS, NS 2/174); Heinrich Himmler, Die Schutzstaffel als antibolschewistische Kampforganisation, München 1937, 24–25). Himmler nahm diese Richtlinien äußerst ernst, denn jedes SS-Mitglied, das trotz fehlender Einwilligung des Rasse- und Siedlungsamtes heiratete, wurde aus der Organisation ausgeschlossen (vgl. Reichsführer! Briefe an und von Himmler, hg. v. H. Heiber, Stuttgart 1968, 239, Brief Nr. 277). Außerdem erwartete Himmler von den Mitgliedern der SS eine gewisse Kinderzahl, um eine „rassische Elite des Volkes" heranzubilden und hierfür „gute Gene" weiterzugeben (vgl. Befehl Heinrich Himmlers vom 13. 12. 1934, Bl. 32, BArch, NS 19/3902); die Einhaltung der vorgegebenen Kinderzahl wurde kontrolliert (vgl. Ehen und Gesamtkinderzahl in der SS per 1. 1. und 31. 12. 1939, Bl. 39, BArch, NS 19/577).

14　Karol Grünberg, SS-czarna gwardia Hitlera [Die SS. Hitlers schwarze Garde], Warszawa 1975, 40.

15　Teodor Musioł, Dachau 1933–1945, Katowice 1971, 31–32.

Folterstätte für Juden, Sozialdemokraten, Kommunisten und andere wirkliche oder vermutete „Volks- und Staatsfeinde" wahrgenommen.[16]

In der bisherigen historischen Forschung dominiert die Anschauung, die polnisch-deutsche Zusammenarbeit in der Zeit vor dem Ausbruch des Zweiten Weltkriegs sei vorübergehend und taktisch gewesen.[17] Aus der Perspektive der Geschichte der polnischen Außenpolitik gelten die Jahre von 1926 bis 1934 als die Periode, in der von polnischer Seite nach Mitteln gesucht wurde, die Beziehungen zu Deutschland zu normalisieren; diese Bemühungen seien 1934[18] in Gestalt des polnisch-deutschen Nichtangriffspaktes vom 26. Januar[19] vom Erfolg gekrönt worden; die anschließende Zeit von 1934 bis zum April 1939 wird als Periode der Gleichgewichtspolitik bezeichnet.[20] Die erwähnte Erklärung von 1934 sollte ein neues Kapitel in den Beziehungen beider Länder eröffnen und eine Zeit der politischen Zusammenarbeit zwischen Polen und Deutschland einleiten. Dies ergab sich daraus, dass der Akt zu einer vorübergehenden Normalisierung der deutschpolnischen Beziehungen beitrug.[21] Die letzten Monate vor dem Kriegsausbruch, von April bis Ende August 1939, waren von polnischer Seite „dramatische Monate des Versuchs, den polnisch-deutschen Konflikt zu internationalisieren und einseitige Verpflichtungen der politischen und militärischen westlichen Bündnispartner Polens zu bilateralen Allianzen umzugestalten".[22] In dieser Zeit, die bereits durch merkliche Spannungen geprägt war, intensivierte

---

16 Mirosław Cygański, SS w ruchu narodowosocjalistycznym i w III Rzeszy 1925–1945 [Die SS in der nationalsozialistischen Bewegung und im Dritten Reich], Poznań 1978, 295.

17 Diese Anschauung vertreten sowohl polnische (vgl. Antoni Czubiński, Miejsce Polski w niemieckich planach aneksji i podbojów 1914–1945 [Der Stellenwert Polens in den deutschen Annexions- und Eroberungsplänen 1914–1945] Opole 1991, 66–70; Henryk Batowski, Między dwiema wojnami 1919–1939. Zarys historii dyplomatycznej [Die Zwischenkriegszeit 1919–1939. Abriss der Diplomatiegeschichte], Kraków 2001, 204; Karol Fiedor, Polska i Polacy w polityce III Rzeszy 1933–1939 [Polen und die Polen in der Politik des Dritten Reiches 1933–1939], Łódź 2005, 136; Marek Kornat, Droga Niemiec do paktu Ribbentrop-Mołotow i sprawy polskie: wydarzenia i interpretacje [Der Weg Deutschlands zum Ribbentrop-Molotow-Pakt und Polen. Ereignisse und Interpretationen], in: Pamięć i Sprawiedliwość [Erinnerung und Gerechtigkeit] 7/1 (12), 2008, 44, als auch deutsche Historiker (vgl. Martin Broszat, 200 lat niemieckiej polityki wobec Polski [deutsche Originalausgabe: 200 Jahre deutsche Polenpolitik, München 1963], Warszawa 1999, 283; Jochen Böhler, Najazd 1939. Niemcy przeciw Polsce, [deutsche Originalausgabe: Der Überfall. Deutschlands Krieg gegen Polen, Frankfurt am Main 2009] Kraków 2011, 32.

18 Marek Kornat, Polityka zagraniczna Polski 1938–1939. Cztery decyzje Józefa Becka [Polnische Außenpolitik 1938–1939. Vier Entscheidungen von Józef Beck], Gdańsk 2012, 7–8.

19 Vgl. ausführlicher Marian Wojciechowski, Stosunki polsko-niemieckie 1933–1938 [Die deutsch-polnischen Beziehungen 1933–1938], Poznań 1965, 79–123.

20 Vgl. ausführlicher Marek Kornat, Polityka równowagi 1934–1939. Polska między Wschodem a Zachodem [Die Gleichgewichtspolitik 1934–1939. Polen zwischen Ost und West], Kraków 2007.

21 Wojciechowski, a. a. O., 109.

22 Kornat, Polityka zagraniczna Polski 1938–1939, 8.

sich Hitlers verbaler Feldzug gegen Polen, so etwa durch die Einstufung Polens als einer der Hauptfeinde des Reiches,[23] bis hin zu der Aussage, die Beziehungen mit Polen seien „untragbar geworden".[24] Hitler stellte mit der Zeit nicht nur Forderungen hinsichtlich Danzigs und des Korridors,[25] sondern brachte ein ganzes Paket territorialer Ansprüche vor, die er mit der Notwendigkeit begründete, dass Deutschland neuen „Lebensraum" gewinnen müsse,[26] um das (angebliche) Übervölkerungsproblem Deutschlands zu lösen und dem deutschen Volk Bedingungen zum Überleben zu sichern.[27]

Wie erwähnt, lag das Thema Polen in dieser Zeit eher am Rande des Interesses und Tätigkeitsbereiches Heinrich Himmlers. Hierfür gibt es zwei wesentliche Gründe: Erstens konzentrierte sich Himmler zu dieser Zeit darauf, die SS als rassische Elite und seinen Polizeiapparat insgesamt aufzubauen – zwei Themen von eher innenpolitischem Charakter, die allerdings geeignet waren, seine Position im NS-Staat zu festigen. Zweitens hatte Himmler kein Amt inne, das ihm Einfluss auf die oder Mitspracherechte bei der NS-Außenpolitik verschafft hätte. Dies änderte sich zwar mit dem Kriegsbeginn, doch bis zum September 1939 waren Kontakte mit Vertretern der polnischen Regierung in seiner Tätigkeit selten und ergaben sich, wenn es dazu kam, direkt aus seinen Aufgaben als oberster Chef der SS und der Polizei.

In der polnischen Wahrnehmung seiner Person und seiner Tätigkeit gab es offenbar anfangs gewisse Zweifel seitens der polnischen Politik. Dennoch schien Warschau zu jener Zeit keinen Grund zur Besorgnis zu sehen. Am 11. August 1933 besuchte der polnische Konsularattaché Witold Mieczysławski[28] in Vertretung des Münchener Generalkonsuls Adam Lisiewicz[29] und mit Himmlers Einwilligung das KZ in Dachau, wo er sich mit drei dort festgehaltenen Juden

23 Jerzy Borejsza, Śmieszne sto milionów Słowian. Wokół światopoglądu Adolfa Hitlera [Lächerliche 100 Millionen Slawen. Zur Weltanschauung Adolf Hitlers], Gdańsk 2016, 101.
24 Max Domarus, Hitler. Reden und Proklamationen 1932–1945. Kommentiert von einem deutschen Zeitgenossen, Wiesbaden 1973, Bd. 2, Teil 1, 1235.
25 Ebd., 1163.
26 Hitlers Zweites Buch. Ein Dokument aus dem Jahr 1928, Stuttgart 1961, 79. Vgl. auch Michael Wildt, Geschichte des Nationalsozialismus, Göttingen 2008, 36–38.
27 Domarus, Hitler. Reden und Proklamationen 1932–1945, Bd. 2, Teil 1, 1197.
28 Witold Mieczysławski war damals am polnischen Konsulat in Breslau tätig.
29 Adam Lisiewicz (1889–1948): polnischer Jurist, Konsularbeamter und Diplomat. Im Polnischen diplomatischen Dienst übte er eine Reihe von Funktionen aus, u. a. als Referent im Außenministerium, als Vizekonsul und Leiter des Vizekonsulats in Varna (Bulgarien), anschließend erneut als Referent im Außenministerium und dann als Leiter der Konsularabteilung an der polnischen Botschaft in Dänemark, später dann im Konsulat in Essen. Lisiewicz war auch Rat für Emigrationsfragen bei der polnischen Botschaft in Paris und arbeitete von 1928–1931 amtierend als Chef der Zivilkanzlei des polnischen Staatspräsidenten. Später kehrte er ins Außenministerium zurück und übernahm das Amt des Generalkonsuls in München (1931–1937) und später in Marseille (1940–1948).

polnischer Herkunft traf. In seinem Bericht an den Außenminister in Warschau stellte er fest, dass

> „die Zustände im Lager im allgemeinen nicht so verzweifelt zu sein scheinen, wie Gerüchte besagen. Die Häftlinge arbeiten abwechselnd (jeden zweiten oder dritten Tag) entweder in Werkstätten (Tischlerei, Schlosserei, Schmiede, Näherei usw.) oder beim Bau einer befestigten Straße und eines großen Schwimmbeckens. Ihre Freizeit verbringen sie innerhalb des Lagers weitgehend nach eigenem Ermessen, erholen sich im Schatten, spielen Schach oder treiben sich im Umkreis der Wohnbaracken herum. Sie haben auch die Möglichkeit, unter freiem Himmel zu baden. In der Kantine können sie Lebensmittel und Tabakwaren kaufen. Alle sehen recht gut und gesund aus […]. Allerdings sind die Wohnräume äußerst primitiv; dies ist im Sommer noch erträglich, aber sobald der Frost einsetzt, dürften die einfachst zusammengehauenen Baracken Orte der Qual werden. Das verabreichte Essen ist sowohl hinsichtlich der Menge als auch von der Qualität her unter aller Kritik".[30]

Auch wenn Mieczysławski im weiteren Verlauf seines Berichts erwähnte, dass er an den Körpern der Gefangenen Spuren brutaler Misshandlungen wahrgenommen habe, und auch wenn er aus bestimmten Elementen der baulichen Gestalt des Lagers (hohe Mauer, Stacheldrahtverhaue, zahlreiche Überwachungstrupps der SS und die Lage des Arbeitsplatzes im Schussfeld von Maschinengewehren) auf den harten Charakter der Haftbedingungen schloss, so schenkte er doch den Äußerungen des ihn begleitenden Wächters keinen Glauben, der im Gespräch die schlechten Haftbedingungen und die Tatsache von Misshandlungen der Gefangenen in Dachau nicht verschwieg.[31]

Dabei war das KZ in Dachau zu jener Zeit ein Ort, wo Morde an Gefangenen Teil des Lageralltags waren. Nachdem die bayerische Staatsanwaltschaft am Landgericht München im Juni 1933 wegen der ersten dieser Morde Anklage gegen den Lagerkommandanten Hilmar Wäckerle, den Lagerarzt und den Verwaltungschef erhoben hatte, berief Himmler Wäckerle ab; der als sein Nachfolger ernannte Theodor Eicke erließ jedoch eine noch drastischere Lagerordnung.[32] Auch wenn sich Mieczysławski vielleicht nicht vollständig über den wahren Charakter dieses Ortes im Klaren war, waren selbst die einstudierten Treffen mit den polnischen Häftlingen nicht ausreichend, um ihn zu beunruhigen. „Das Gespräch mit den polnischen Gefangenen fand in deutscher Sprache und in Gegenwart von Zeugen statt. Wie auf Kommando antworteten alle: ‚Es geht uns

---

30 „Polskie Dokumenty Dyplomatyczne" (Polnische Diplomatische Dokumente, nachstehend: PDD), 1933, hg. v. Wojciech Skóra unter Mitarbeit von Piotr Długołęcki, Warszawa 2015, 497 (Bericht des Leiters des Generalkonsulats München über das Konzentrationslager Dachau vom 11.8.1933).

31 Ebd., 497–498.

32 Richard J. Evans, Trzecia Rzesza u władzy, übersetzt von M. Grzywa [Das Dritte Reich an der Macht], Oświęcim 2016, 84–87.

gut, wir sind zufrieden'", berichtete der Diplomat und betonte, dass es trotz zahlreicher Protestnoten von polnischer Seite bisher nicht gelungen sei, die Freilassung dieser Gefangenen oder wenigstens ihre Verlegung in eine gewöhnliche Untersuchungshaftanstalt zu erreichen.[33] Mieczysławski gab an, er habe in der Angelegenheit direkt mit Himmler verhandelt und seine Einwilligung in die Freilassung der polnischen Gefangenen unter der Bedingung erhalten, dass diese Deutschland sofort verließen, „da er anderenfalls nicht für ihre Sicherheit bürgen könne".[34] Obwohl die polnischen Gefangenen in Dachau nicht wegen ihrer Zugehörigkeit zur Kommunistischen Partei inhaftiert waren,[35] deren Mitglieder das nationalsozialistische Regime damals bekämpften, konnte ihre jüdische Abstammung dafür gesorgt haben, dass sie als „politische Feinde" eingestuft waren. Die beschriebene Situation zeugt nicht nur von der Naivität der polnischen Diplomaten, die auf das Verständnis des Reichsführers und auf eine Kompromisslösung in Bezug auf die polnischen Häftlinge hofften. Ebenso zeigt sich in dem Vorgang die Rücksichtslosigkeit Himmlers, der schon kurz nach der Machtergreifung der NSDAP in Deutschland einen umfassenden Repressions- und Terrorapparat geschaffen hatte und keinerlei Absicht zeigte, in Fragen, die er als für die Sicherheit des Reiches entscheidend betrachtete, Zugeständnisse zu machen.

Ermittlungen zum Mord an Bronisław Pieracki

Im Juni und Juli 1934 nahm Himmler an den Ermittlungen zur Ermordung des polnischen Innenministers Bronisław Pieracki[36] teil. Sein Handeln auf diesem Gebiet ergab sich daraus, dass einer der Attentäter nach Deutschland geflohen war und damit der dem Reichsführer unterstehende deutsche Polizeiapparat mit der Angelegenheit betraut wurde. Pieracki wurde am 15. Juni 1934 in Warschau durch Hryhorij Maciejko, ein Mitglied der Organisation Ukrainischer Nationalisten (OUN), ermordet. Der Täter gab drei Schüsse auf Pierackis Hinterkopf ab und floh vom Tatort, wobei er dort ein Paket mit einer Bombe zurückließ, die er

---

33 PDD/1933, 478.

34 Eba.

35 Dass den drei in Dachau inhaftierten polnischen Juden nicht die Mitgliedschaft in der KPD vorgeworfen wurde, teilte Witold Mieczysławski in seinem Bericht an den polnischen Außenminister vom 11. 8. 1933 mit.

36 Bronisław Wilhelm Pieracki (1895–1934): polnischer Politiker, Kämpfer der Polnischen Legionen im Ersten Weltkrieg, Oberst i.G. der Infanterie, arbeitete im Verteidigungsministerium, wo er den Rang eines Staatssekretärs erreichte. Abgeordneter des Sejm der 2. und 3. Legislaturperiode, später Vizepremier in der Regierung Walery Sławek. Vom 28.5. bis 23.6. 1931 Minister ohne Geschäftsbereich, anschließend Innenminister bis zu seinem Tode am 15.6.1934.

nicht mehr zünden konnte.[37] Obwohl es den polnischen Ermittlern gelang, auf die Spur der mutmaßlichen Mittäter und Organisatoren des Anschlags zu kommen und einige von ihnen festzunehmen, konnte der Haupttäter entkommen.[38] Wie die polnischen Behörden annahmen, hatte sich dieser ins Gebiet der Freien Stadt Danzig abgesetzt; dort wurde er observiert, bis er in Zoppot an Bord des deutschen Passagierdampfers „Preußen" ging. Daraufhin kontaktierte der Direktor der Politischen Abteilung des polnischen Außenministeriums Botschafter Józef Lipski[39] in Berlin und beauftragte ihn, Rechtshilfe der deutschen Behörden zur Festnahme des mutmaßlichen Terroristen zu erbitten. Diese sollte unmittelbar nach der Ankunft des Schiffs in Swinemünde vorgenommen werden. Auf die Initiative Lipskis hin übernahm die Stettiner Gestapo die Leitung des Einsatzes in Swinemünde. Der Einsatz der Beamten von Gestapo, Schutzpolizei und Zoll verlief effizient, und der Verdächtige wurde festgenommen. Der mutmaßliche Täter reiste mit einem Dokument, das vom deutschen Generalkonsulat in Danzig auf den fiktiven Namen Eugen Skyba ausgestellt worden war. Im späteren Verlauf der Ermittlungen, bereits in Polen, stellte sich heraus, dass dieser in Wahrheit Mykola Łebed hieß und ein ukrainischer Nationalist war, nach dem im Zusammenhang mit einem blutigen Raubüberfall auf das Postamt in Grodek Jagielloński[40] gefahndet wurde. Łebed war zwar nicht direkt am Mord Pierackis beteiligt, galt aber als Anstifter Maciejkos zum Anschlag auf den Minister.[41]

---

37 Władysław Żeleński, Zabójstwo ministra Pierackiego [Die Ermordung des Ministers Pieracki], Warszawa 1995, 11–12.

38 Edmund Jezierski (Hg.), Bronisław Pieracki: generał brygady, minister spraw wewnętrznych, poseł na sejm, żołnierz, mąż stanu, człowiek [Bronisław Pieracki: Brigadegeneral, Innenminister, Abgeordneter, Soldat, Staatsmann und Mensch], Warszawa 1934, 28–30.

39 Józef Lipski (1894–1958): polnischer Politiker, Diplomat und Offizier. Er trat im Juni 1919 in den Staatsdienst ein, zunächst als Legationssekretär an der polnischen Gesandtschaft in London, später in Paris und Berlin. 1925 übernahm er die Funktion des Leiters der Unterabteilung Westeuropa in der Politischen Abteilung des politischen Außenministeriums und übernahm diese Abteilung schon 1928 als Leiter. Anfang Juli 1933 wurde er zum Gesandten und ab dem 29.10.1934 (nach der Rangerhöhung der polnischen Vertretung in Berlin) zum Botschafter ernannt. Am 26.1.1934 unterzeichnete Lipski gemeinsam mit Konstantin von Neurath der polnisch-deutsche Nichtangriffspakt. Nach dem Ausbruch des Zweiten Weltkriegs kämpfte er als Freiwilliger in den polnischen Einheiten in Frankreich. 1947 emigrierte er in die USA. Die Berichte aus seiner Zeit in Berlin sind von Wacław Jędrzejewicz ediert worden: vgl. Józef Lipski, Diplomat in Berlin 1933–1939: papers and memoirs of Józef Lipski, Ambassador od Poland, ed. by Wacław Jędrzejewicz, New York 1968.

40 Marcin Gawryszczak, Bronisław Wilhelm Pieracki (1895–1934). Biografia polityczna [Bronisław Wilhelm Pieracki (1895–1934). Eine politische Biografie], Łódź 2014, 78–79.

41 Wojciech Skóra, Niemiecki aspekt sprawy zabójstwa ministra Bronisława Pierackiego [Der deutsche Aspekt des Mordes an Minister Bronisław Pieracki], in: Słupskie Studia Historyczne 5 (1997), 120.

Die polnischen Behörden beantragten die sofortige Auslieferung des Festgenommenen, den die Gestapo zunächst am 23. Juni 1934 nach Berlin transportierte. Die Situation erwies sich als delikat, weil Łebed mit einem gefälschten
deutschen Ausweis unterwegs gewesen war. Nach Rücksprache Lipskis mit den
Legationsräten der polnischen Gesandtschaft, wandte dieser sich direkt an
Heinrich Himmler als Chef der preußischen Polizei.[42] Der Reichsführer erschien
gegen 13 Uhr in der Gesandtschaft und erklärte im Namen des Reichskanzlers,
dass die Entscheidung gefallen sei, den am Morgen festgenommenen Ukrainer
unverzüglich an die polnischen Behörden zu überstellen. Lipski vermerkte in
seinem Bericht: „Herr Himmler erklärte dabei, dass er die betreffende Person
vernommen habe. Er sei der Hauptorganisator des Mords an Pieracki; er habe
selbst nicht geschossen, aber die ganze Aktion geleitet. Er solle noch heute gegen
14 Uhr mit dem Flugzeug nach Warschau transportiert werden."[43]

Himmler beschränkte seine Erklärungen nicht ausschließlich auf den Fall des
von der Gestapo festgenommenen Łebed. Er warnte bei dem Treffen mit Lipski
den polnischen Gesandten vor ähnlichen Anschlägen und sprach auch die aktuellen deutsch-polnischen Beziehungen an. In diesem Zusammenhang schlug
er vor, einen direkten Kontakt zwischen den Polizeiführungen in Polen und
Deutschland anzubahnen, etwa in Form von gegenseitigen Besuchen höherer
Beamter in Berlin bzw. Warschau. Lipski versprach, diesen Vorschlag an seine
Vorgesetzten weiterzuleiten.[44] An dieser Stelle ist zu beachten, dass Himmlers
Verhalten durchaus ungewöhnlich war. Nicht nur, dass er sich persönlich in die
polnische Botschaft bemühte, er berief sich auch zusätzlich auf den Willen Hitlers
und unterbreitete umfassende Kooperationsangebote. Das könnte als Ausdruck
eines Engagements der deutschen Seite für die Pflege der Beziehungen zu Polen
gelesen werden. Möglicherweise spielte für dieses Vorgehen auch der wenige
Monate zuvor verabschiedete Nichtangriffspakt eine Rolle; gleichwohl muss hier
aber betont werden, dass die von Himmler vorgeschlagene Verständigung der
Sicherheitsbehörden beider Staaten ein Konzept von internationaler Bedeutung
war.[45]

Entgegen Himmlers Zusicherung wurde der des Mordes an Pieracki verdächtige Łebed nicht zur angekündigten Zeit an Polen überstellt. Über diese
Tatsache verärgert, nahm Lipski telefonisch Kontakt mit dem Büro Himmlers
auf, um den Grund der Verzögerung zu erfahren. Der Reichsführer habe, so
berichtete Lipski, widerwillig eingeräumt, dass „eine Verzögerung eingetreten
sei, weil die Sache komplizierter sei, als es auf den ersten Blick erschienen sei. Der

---

42 PDD/1934, hg. v. Stanisław Żerko unter Mitarbeit von Piotr Długołęcki, Warszawa 2014, 816
(Aktennotiz des Gesandten in Berlin über den Mord an Pieracki).
43 Ebd.
44 Skóra, a. a. O., 131.
45 Ebd.

Festgenommene sei in andere Vorgänge auf dem Territorium Deutschlands verwickelt, so dass längere Vernehmungen erforderlich geworden seien."[46] Himmler fügte auch hinzu, dass der Festgenommene in einigen Tagen an die polnische Seite übergeben werde; über Einzelheiten werde er Lipski bei nächster Gelegenheit informieren. Der polnische Diplomat gab sich mit diesen Zusicherungen aber nicht zufrieden und erklärte Himmler in bestimmtem Ton, dass er das vorherige deutsche Einverständnis zu einer zügigen Auslieferung bereits als Ausdruck von Hitlers Willen nach Warschau gemeldet habe. Indem er sich geschickt auf die Autorität des „Führers" berief, schnitt Lipski der deutschen Seite die Möglichkeit zu weiteren Rückziehern gegenüber früheren Vereinbarungen ab. In einem weiteren Gespräch teilte Himmler dem polnischen Gesandten die endgültige Zustimmung zur Auslieferung des Festgenommenen mit. Łebed reiste um 18 Uhr vom Flughafen Tempelhof nach Polen ab, wobei die deutschen Behörden überzeugt waren, den eigentlichen Pieracki-Mörder überstellt zu haben. Der polnische Historiker Wojciech Skóra vertritt die Auffassung, dass die Entschiedenheit der Behörden des Deutschen Reiches sich wesentlich aus dieser Gewissheit ergeben habe.[47]

Drei Tage nach der Überstellung des Festgenommenen, am 26. Juni 1934, kam Himmler auf sein Versprechen zurück und erläuterte Lipski den Grund der Verzögerung bei der Auslieferung Łebeds an Polen. Lipski berichtete:

> „Er machte dafür Kräfte des alten Regimes verantwortlich, die angeblich mit den ukrainischen Terroristen gegen Polen zusammengearbeitet hätten. Er versicherte feierlich, dass er dafür gesorgt habe, dass alle Verbindungen zu den Terroristen abgebrochen worden seien. Gleichwohl habe die Gestapo, als infolge des Gesprächs Polen eine Namensliste gesuchter Ukrainer, die sich im Reichsgebiet aufhielten und Sabotageakte gegen Polen durchführten, übermittelt habe, über längere Zeit keinerlei Antwort gegeben oder nur bruchstückhaft informiert."

Weiter fasste Lipski in seinem Vermerk zusammen, dass „die Auslieferung Łebeds durch die deutsche Seite nur erfolgt sei, weil sich das Reich durch die offenkundige Unterstützung seiner Flucht nach Deutschland durch das deutsche Generalkonsulat in Danzig kompromittiert" habe.[48] Gleichwohl muss hier eingeräumt werden, dass Himmlers als vertraulich eingestufte Erläuterungen gegenüber Lipski der Faktenlage entsprachen. Tatsächlich hatte Deutschland mit ukrainischen Organisationen, darunter der OUN, zusammengearbeitet, diese Kontakte aber mit Rücksicht auf Polen nach der Annahme des deutsch-polnischen Nichtangriffspaktes abgebrochen. Zur Person Łebeds teilte Himmler mit,

---

46 PDD/1934, 816.
47 Skóra, a. a. O., 132.
48 PDD/1934, 817.

dass er „seinerzeit für ein anderes deutsches Ressort gearbeitet" habe, weshalb die Entscheidung über seine Auslieferung der Gestapo schwergefallen sei.[49]

Zusammenarbeit zwischen polnischen und deutschen Sicherheitsbehörden

Der Fall des Mordes an Pieracki und die bei dieser Gelegenheit geknüpfte Bekanntschaft zwischen Lipski und Himmler führte erst nach einiger Zeit zu einer deutsch-polnischen Zusammenarbeit bei der Bekämpfung des ukrainischen Terrorismus und später kommunistischer Aktivitäten. Obwohl der Gesandte Lipski am 5. Juli 1934 die offizielle Zustimmung des polnischen Innenministeriums zu den im Juli geäußerten Vorschlägen des Reichsführers-SS erhielt, hatte Himmler anfänglich offenbar nicht die Absicht, von sich aus auf die Sache zurückzukommen. Höchstwahrscheinlich war dieses Verhalten eine Folge der Tatsache, dass Himmlers Bereitwilligkeit, Łebed an Polen auszuliefern, in der Reichswehr und dem Auswärtigem Amt auf Kritik gestoßen war. Himmlers Position in der staatlichen Verwaltung war zu diesem Zeitpunkt noch nicht so fest verankert, dass er ohne weiteres die Zusammenarbeit mit Polen hätte fortsetzen können; deshalb lag sein gegenüber Lipski geäußerter Vorschlag zunächst ein gutes halbes Jahr auf Eis. Einen Durchbruch auf dieser Ebene brachte erst der Besuch von Hermann Göring in Polen im Januar 1935. Göring verbrachte einen Teil davon auf der Jagd im Urwald von Białowieża und den anderen mit politischen Gesprächen.[50] Während eines Treffens mit dem polnischen Innenminister Marian Zyndram-Kościałkowski[51] ging es um die Notwendigkeit, sich vor ukrainischen Terrorakten zu schützen. Da dieses Thema damit wieder auf der deutsch-polnischen Tagesordnung war, sprach es Himmler bei einer Begegnung mit Lipski in Berlin im Februar 1935 an. Der Reichsführer-SS kam auf seine frühere Konzeption zurück und betonte die Notwendigkeit von Kontakten zwischen den polnischen und deutschen Sicherheitsbehörden in der ukrainischen Frage. Nun kam das Projekt sehr schnell voran, denn schon im März wurde in

---

49　Skóra, a. a. O., 132–133.
50　PDD/1935, hg. v. Stanisław Żerko unter Mitarbeit von Piotr Długołęcki, Warszawa 2017, 167–168 (Vermerk des Botschafters in Berlin im Zusammenhang mit dem Besuch von Hermann Göring in Polen).
51　Marian Zyndram-Kościałkowski (1892–1946): geboren auf Gut Pondel in Litauen, polnischer Politiker und Anhänger von Józef Piłsudski, zeitweise Regierungschef, Oberstleutant der Infanterie. 1930–1934 Wojewode von Białostok, anschließend kommissarischer Oberbürgermeister von Warschau. 1934 Innenminister, vom 13. 10. 1935 bis 15. 5. 1936 Ministerpräsident Polens. Der letzten Vorkriegsregierung gehörte er als Minister für Arbeit und Sozialfürsorge an. Nach dem Kriegsausbruch und der Niederlage Polens im September 1939 emigrierte er über Rumänien in den Westen.

Berlin ein Treffen organisiert, an dem ein Vertreter der polnischen Sicherheitsbehörden teilnehmen sollte. Allerdings bestand Himmler darauf, dass der polnische Vertreter von arischer Abstimmung sein müsse und nicht den Freimaurern angehören dürfe.[52] Es ist anzunehmen, dass das Treffen in Berlin im März
1935 zum Abschluss einer Vereinbarung über die Zusammenarbeit der polnischen und deutschen Sicherheitsbehörden führte; deren Inhalt ist allerdings
nicht überliefert. Spätere Aktivitäten deuten freilich darauf hin, dass diese Alli-
anz dem Informationsaustausch zwischen der Gestapo und dem polnischen
Innenministerium über die kommunistische und die ukrainische Bewegung
diente; dabei stand die OUN und ihr Umfeld im Fokus.[53] Erwähnenswert ist auch,
dass bereits im Mai 1933 von der deutschen Seite Bemühungen unternommen
wurden, eine Zusammenarbeit zwischen den deutschen und polnischen Si-
cherheitsorganen zu initiieren. Mehrere wichtige Faktoren trugen zur Unterzeichnung der Vereinbarung im Jahre 1935 bei. Der Mordanschlag gegen Minister Pieracki war einer davon, aber nicht weniger wichtig war der bereits erwähnte Nichtangriffspakt vom 26. Januar 1934. Ebenfalls wichtig war für die
Vereinbarung die Tatsache, dass sowohl in Berlin als auch in Warschau die Gefahr
seitens der kommunistischen Bewegung ernsthaft wahrgenommen wurde. Der
im März 1935 aufgenommene Informationsaustausch wurde von beiden Seiten
streng geheim gehalten (selbst einigen hohen Beamten des polnischen Innenministeriums war dies unbekannt). Offensichtlich ist aber, dass die Korrespondenz vom polnischen Innenministerium an die Gestapo in Berlin über die polnische Botschaft weitergeleitet wurde. Mit welchen Informationen sich im Gegenzug die deutsche Seite bei Polen erkenntlich zeigte, bleibt unklar. Auch die Art
und Weise der Weitergabe von den Materialien ist unbekannt. Es besteht jedoch
kein Zweifel daran, dass die Initiierung der Zusammenarbeit auf dieser Ebene auf
die Initiative des Reichsführers-SS zurückzuführen war.[54]

Die Ereignisse vom März 1935 bildeten zweifellos einen gewissen Durchbruch
in Himmlers Verhältnis zu Polen. Dazu trugen drei wesentliche Aspekte bei: Der
erste war die allmähliche Beruhigung der Stimmung im Reich, die sich natürlich
auch daraus ergab, dass die politischen Feinde Hitlers bis dahin weitgehend
ausgeschaltet worden waren.[55] Als zweites Element ist ein polenfreundlicher

---

52 Skóra, a. a. O., 133–134.
53 Wojciechowski, a. a. O., 248–249.
54 Marcin Przegiętka, Kontakty polskich i niemieckich władz bezpieczeństwa w drugiej połowie
   lat trzydziestych XX wieku (kwestia zagrożenia komunistycznego) [Kontakte zwischen
   deutschen und polnischen Sicherheitsbehörden in der zweiten Hälfte der 1930er-Jahre (Frage
   der kommunistischen Bedrohung)], in: Kwartalnik Historyczny CXXVI (2019) 4, 715–716.
55 Zu erwähnen sind hier insbesondere auch die Ereignisse im Zuge der sogenannten Nacht der
   langen Messer, als in der Nacht vom 29./30. 6. 1934 politische Gegner Hitlers innerhalb der
   nationalsozialistischen Bewegung verhaftet und ermordet wurden.

Stimmungswandel in der Reichswehr und die generelle Veränderung der deutschen Politik gegenüber Polen infolge des am 26. Januar 1934 unterzeichneten Nichtangriffspaktes zu nennen. Der dritte und womöglich wichtigste Faktor dieses Prozesses war der persönliche Aufstieg Himmlers und der von ihm geleiteten SS, die nach der Entmachtung der von Röhm geleiteten Sturmabteilung (SA) zum wesentlichen exekutiven Herrschaftsinstrument des nationalsozialistischen Regimes wurde.[56]

Es scheint, dass die Übernahme der Geheimen Staatspolizei und der massive Ausbau des SS-Apparats Himmlers Position stärkten, sodass seine Stimme auch bezüglich auswärtiger Angelegenheiten des Deutschen Reiches an Gewicht gewann. Die polnische Seite stellte ebenfalls einen merklich wachsenden Einfluss des Reichsführers auf die laufenden Regierungsgeschäfte fest. Himmler, der zuvor lediglich am Rande beteiligt war, begann nun auch aktiv an Entscheidungsprozessen teilzuhaben und seinen Standpunkt klar und entschieden zu vertreten. Das beste Beispiel hierfür ist das Jahr 1938, als die nationalsozialistische Führung unter großer Aufmerksamkeit der polnischen Regierung ihren Standpunkt zur tschechoslowakischen Frage entwickelte. Nach dem „Anschluss" Österreichs im März 1938 wurde das Sudetenland zum nächsten Ziel des nationalsozialistischen Staats. Die Besetzung dieses Landstrichs durch Deutschland hatte das Potential für den Ausbruch eines Konflikts mit schwerwiegenden Folgen; deshalb hofften die Westmächte auf eine friedliche Lösung dieses Streits. Im Juni 1938 informierte Botschafter Józef Lipski den polnischen Außenminister Józef Beck[57] über die politische Stimmung in Berlin und stellte in diesem Zusammenhang fest, dass „die Stellungnahmen von Großbritannien und Frankreich [...] zuverlässig dazu beigetragen haben, dass in der tschechischen Frage eine vorsichtigere Methode gewählt worden ist, um das Reich nicht der Gefahr

---

56 Vgl. Skóra, a.a.O., 133.
57 Józef Beck (1894–1944): polnischer Politiker und Diplomat, enger Mitarbeiter von Józef Piłsudski. Während des 1. Weltkriegs kämpfte Beck in den Polnischen Legionen und war Adjutant Piłsudskis. 1922–1923 war er als Militärattaché in Paris und Brüssel tätig. Im Moment des Maiputsches von 1926 trat er auf die Seite Piłsudskis. 1926–1930 war er Kabinettschef des Verteidigungsministers, später Vizeregierungschef in der von Józef Piłsudski persönlich geleiteten Regierung, anschließend stellvertretender Außenminister und Außenminister (ab dem 2.11.1932). Er leitete die polnische Außenpolitik bis zum Ausbruch des Zweiten Weltkrieges und gilt als Autor der sog. Gleichgewichtspolitik gegenüber den an Polen angrenzenden Großmächten: der Sowjetunion und dem Deutschen Reich. Beck trug zur Unterzeichnung des Nichtangriffspakts mit Sowjetrussland vom 25.6.1932 bei, ebenso des Nichtangriffspaktes mit Deutschland. Im Herbst 1938 und Frühjahr 1939 wies er die Polen von Deutschland gemachten Vorschläge hinsichtlich der Freien Stadt Danzig und einer exterritorialen Autobahn durch Pommerellen nach Ostpreußen nachdrücklich ab. Nach dem sowjetischen Angriff auf Polen verließ er mit der ganzen Regierung Polen in Richtung Rumänien, wo er interniert wurde.

eines internationalen Konflikts auszusetzen".[58] Lipski betonte außerdem die damals klar erkennbaren Unterschiede zwischen dem von Hitler gewählten Ansatz und dem anderer nationalsozialistischer Entscheidungsträger. Wörtlich schrieb er:

> „Der Übergang zu einer vorsichtigeren und zögerlicheren Taktik in der Sudetenfrage hat in der Partei eine gewisse Enttäuschung ausgelöst. Davon sind, wie ich es herausgehört habe, auch Göring und vor allem Himmler nicht ausgeschlossen. Letzterer tritt durch eine betont kämpferische Haltung zur tschechischen Frage hervor."[59]

Wie polnische Diplomaten schon nach der teilweisen Besetzung der Tschechoslowakei durch Deutschland urteilten, sei Himmler einer derjenigen gewesen, der in der Sudetenfrage den größten Einfluss auf Hitler ausgeübt habe.[60] Lipski Ausführungen über die immer stärker werdende Einflussnahme des Reichsführers auf die deutsche Politik lassen Himmlers aggressives Verhalten im Zusammenhang mit der bevorstehenden Verschlechterung der Beziehungen zwischen Deutschland und Polen erkennen.

Himmlers Besuch in Polen

Ab 1938 nahm Himmler deutlich aktiveren Anteil an der Ausgestaltung der deutschen Polenpolitik. Seine Interventionen konzentrierten sich dabei auf zwei Aspekte: erstens die damals immer aggressiver vorgetragenen deutschen Ansprüche auf Danzig, zweitens das sensible Thema des Umgangs mit der jü-

---

58 PDD/1938, hg. v. Marek Kornat unter Mitarbeit von Piotr Długołęcki, Maria Konopka-Wichrowska und Marta Przyłuska, Warszawa 2007, 350 (Bericht von Botschafter Józef Lipski in Berlin über ein Gespräch mit Reichsmarschall Hermann Göring vom 19. 6. 1938).
59 Ebd.
60 In den Aufzeichnungen von Jan Szembek, der zu jener Zeit Unterstaatssekretär im polnischen Außenministerium war, findet sich folgender Bericht: „Gespräch mit Botschafter Lipski. Er legte die historische Entwicklung der Aktionen Hitlers in der Sudetenfrage vom Nürnberger Parteitag bis zum Einmarsch der deutschen Truppen ins Sudetenland dar. Nach Einschätzung des Botschafters ist die deutliche Verschärfung der deutschen Bedingungen zwischen der Konferenz in Berchtesgaden und dem Treffen in Godesberg durch starken Druck hervorgerufen worden, der aus der Umgebung Hitlers auf diesen ausgeübt wurde; besonders aktiv seien in dieser Hinsicht Himmler und Ribbentrop gewesen. Hitler habe diesem Druck nachgegeben, weil Göring, der zweifellos mäßigend auf den Kanzler eingewirkt hätte, aus Gesundheitsgründen abwesend war. Nach Godesberg, als überall die Mobilisierung ausgerufen wurde und sie in Deutschland innerhalb von 24 Stunden bevorstand, hing der Frieden in Europa am seidenen Faden. Der Botschafter vertritt die Auffassung, dass den Weltfrieden damals Göring und Neurath gerettet hätten, die dem Kanzler den Verzicht auf die Mobilisierungserklärung abverlangt hätten." Vgl. Józef Zarański (Hg.), Diariusz i teki Jana Szembeka (1935–1945) [Aufzeichnungen und Akten von Jan Szembek (1935–1945), Bd. IV, London 1972, 298 (Aufzeichnung vom 10. 10. 1938).

dischen Bevölkerung, das in Deutschland zur Aufheizung der Stimmung in der Gesellschaft beitrug.[61] Bei einem Besuch in Polen vom 18. bis 21. Februar 1939 hatte Himmler Gelegenheit, seine diesbezüglichen Ansichten darzulegen.[62] Die polnische Seite hatte ursprünglich mit einem Besuch Görings gerechnet; nachdem dieser wegen seines schlechten Gesundheitszustandes die Einladung ausgeschlagen hatte, vertrat Himmler ihn in Warschau und Białowieża.[63] Er hatte im Zuge dieses Besuchs Gespräche u. a. mit dem Regierungschef Felicjan Sławoj-Składkowski[64], Außenminister Józef Beck und dessen Stellvertreter Mirosław Arciszewski.[65]

Das Gespräch zwischen Himmler und Außenminister Beck fand am 18. Februar statt und konzentrierte sich auf die Frage der Emigration der Juden. Dieses Thema war in Deutschland schon lange Anlass zur Sorge, und dies war der polnischen Seite sehr wohl bewusst.[66] In der Aktennotiz über das Treffen steht geschrieben:

„Nach einem kurzen Gespräch über die Stadt Warschau, in der sich Minister Himmler erstmals aufhält, ging die Diskussion zu dem jüdischen Problem über. Herr Minister [Beck, Anm. A.B.] betonte auf die Äußerung H.s, es sei nötig, die Juden loszuwerden,

---

61 Hinweise auf Himmlers Engagement in der deutschen Polenpolitik auf diesen konkreten Ebenen finden sich bereits im Vermerk über den Besuch des Hochkommissars des Völkerbundes, Carl Jacob Burckhardt, in der Freien Stadt Danzig am 19. und 20. 11. 1938. Vgl. PDD/1938, 784.

62 Archiv der Neuen Akten Warschau (nachstehend: AAN), Außenministerium Warschau, AZ 2/322/697, Schriftwechsel zum Besuch von Heinrich Himmler in Polen im Februar 1939. Vgl. Krzysztof Rak, Polska – niespełniony sojusznik Hitlera [Polen – Hitlers verhinderter Bündnispartner], Warszawa 2019, 441–442.

63 Diariusz i teki Jana Szembeka (1935–1945), tom IV [Aufzeichnungen und Akten von Jan Szembek, a. a. O.], 481 (Notiz vom 28. 1. 1939).

64 Felicjan Sławoj Składkowski (1885–1962): Divisionsgeneral der polnischen Armee, Regierungschef in der II. Republik, von Ausbildung Arzt. Kämpfte im Ersten Weltkrieg in den Polnischen Legionen, Teilnehmer am Polnisch-Sowjetischen Krieg 1919–1920, Anhänger des „Sanierungs"-Lagers. Nach Pilsudskis Staatsstreich von 1926 Regierungskommissar für Warschau. Dreimal Innenminister (2. 10. 1926–7. 12. 1929, 3. 6. 1930–23. 6. 1931, 15. 5. 1936–30. 9. 1939). Das Amt des Regierungschefs hatte er in Personalunion vom 15. 5. 1936 bis zum 30. 9. 1939 inne. Nach der Flucht der polnischen Regierung nach Rumänien dort interniert. Spätere Aufenthaltsorte waren die Türkei, Palästina und ab 1947 Großbritannien.

65 Mirosław Arciszewski (1892–1963): polnischer Diplomat der Zwischenkriegszeit, ab 1918 im Außenministerium tätig. 1922–1925 Sekretär der Gesandtschaft in Genf, anschließend bis 1928 Sekretär an der Botschaft in Paris, danach 1929–1932 in Riga und 1932–1938 in Bukarest tätig. In der Regierung von Felicjan Sławoj-Składkowski amtierte er 1938–1939 als stellvertretender Außenminister. Nach Kriegsbeginn begab er sich nach Rumänien, wo er bis zum 4. 11. 1940 Delegierter für Fragen der politischen Flüchtlinge war. 1941 zum Direktor der Politischen Abteilung des Außenministeriums der polnischen Exilregierung in London berufen. Ein Jahr später wurde er zum außerordentlichen Gesandten und bevollmächtigten Minister bei den Regierungen von Argentinien, Bolivien, Paraguay und Uruguay berufen.

66 Diariusz i teki Jana Szembeka (1935–1945), Bd. IV, a. a. O., 359–360 (Aufzeichnung vom 22. 11. 1938).

dass das jüdische Problem in Polen anders und komplizierter gelagert sei als in Deutschland. In Polen gebe es einerseits zugewanderte Juden (vor allem aus Russland), die an dieses Land kaum etwas binde, und derer man sich in erster Linie entledigen müsse; eine zweite Gruppe seien die vielen orthodoxen Juden, die ihr Leben getrennt von der polnischen Gesellschaft führten. Außerdem gebe es noch andere Kategorien von Juden; allerdings müsse festgestellt werden, dass es ‚so stark zugewanderte jüdische Individuen oder Gruppen wie in Westeuropa oder Amerika' in Polen nicht gebe und nie gegeben habe. Auf jeden Fall stehe das Thema der jüdischen Auswanderung, auch wenn diese zuletzt zum Stillstand gekommen sei, fest auf der Tagesordnung, ihre Notwendigkeit sei größer denn je, und Polen werde gegenüber den westeuropäischen Mächten nachdrücklich auf dieses Thema hinweisen."[67]

Der kurze Vermerk deutet recht klar an, dass Himmler Polen zu diesem Zeitpunkt noch als möglichen Bündnispartner Deutschlands betrachtete und mit seinem Hinweis auf die „Notwendigkeit, die Juden loszuwerden" suggerierte, ja vielleicht sogar erwartete, dass Polen die deutsche Politik gegenüber den Juden akzeptieren und ähnliche Lösungen einführen werde, wie sie damals im Deutschen Reich galten.[68]

Zum besseren Verständnis der „Judenfrage", die einen der Schwerpunkte in Himmlers Gespräch mit Beck bildete, empfiehlt es sich, den Hintergrund der gesamten Situation zu skizzieren: Als sich 1938 die Repressionen gegen Jüdinnen und Juden im Deutschen Reich verschärften, befürchteten die Behörden der Republik Polen deren massenhafte Einwanderung in das Land, denn unter den Verfolgten befanden sich viele mit der polnischen Staatsbürgerschaft. Um dem Zustrom von Juden aus Deutschland entgegenzuwirken, verabschiedete der Sejm am 31. März 1938 ein Gesetz über den Entzug der Staatsbürgerschaft von Juden. Nach diesem konnte die Staatsbürgerschaft u. a. denjenigen entzogen werden, die sich seit der Gründung des polnischen Staates ununterbrochen mehr als fünf Jahre lang im Ausland aufgehalten hatten. Der Stichtag für die Umsetzung dieser Bestimmungen war der 29. Oktober 1938. Die eingeleiteten Maßnahmen zogen eine Reaktion der deutschen Seite nach sich, die versuchte, der Sperrung polnischer Grenzen entgegenzuwirken. Am 26. Oktober 1938 verkündete Reinhard Heydrich, der Leiter des Reichssicherheitshauptamts, einen Erlass zur sofortigen Ausweisung aller polnischen Jüdinnen und Juden aus Deutschland. Dieser betraf auch diejenigen, die keinen Kontakt mehr zu Polen unterhielten. Kurz danach händigten deutsche Polizeibeamte den Juden Deportationsbefehle aus. Die jüdische Bevölkerung wurde zu Bahnhöfen gebracht, oft ohne ihre wichtigsten Habseligkeiten mitnehmen zu dürfen. Von dort aus wurden sie in versiegelten

---

67 PDD/1939/styczeń–sierpień [PDD/1939/Januar–August], hg. v. Stanisław Żerko in Zusammenarbeit mit Piotr Długołęcki, Warszawa 2005, 103 (Vermerk über das Gespräch des Außenministers mit dem Reichsführer SS vom 18. 2. 1939).

68 Kornat, Polityka zagraniczna Polski 1938–1939, 298.

Zügen zur polnischen Grenze transportiert. In der Nacht vom 27. auf den 28. Oktober 1938 trafen mehrere tausend Juden an den Grenzbahnhöfe in Zbąszyń, Bytom, bei Chojnice und Wschowa ein und wurden von Deutschen über die Grenze getrieben.[69]

Die Polizeiaktion stand unter der Leitung Heinrich Himmlers. Seinen Berichten zufolge wurden in dieser Zeit etwa 17.000 Jüdinnen und Juden mit polnischer Staatsangehörigkeit nach Polen deportiert. Mehrere Tausend von ihnen kampierten an der Grenze zwischen den Kordons der deutschen und der polnischen Armee, da sie einen Staatenlosenstatus hatten. Die Situation war nicht einfach, etwa 6000 Jüdinnen und Juden wurden von den polnischen Behörden auf dem Gelände der ehemaligen Kaserne in Zbąszyń untergebracht. Jüdische Wohltätigkeitsorganisationen und das Polnische Rote Kreuz kümmerten sich um die Versorgung der Menschen. Dieses Ereignis, bezeichnet als „Polenaktion", führte zu einem Protest des polnischen Außenministeriums, das im Gegenzug mit der Ausweisung deutscher Staatsbürger aus Polen drohte. Schließlich kam es zu deutsch-polnischen Verhandlungen in Berlin, in deren Folge die „Polenaktion" eingestellt wurde. Diejenigen Juden, die im Rahmen dieser Aktion nicht über die Reichsgrenze ausgewiesen werden konnten, wurden zurück ins Landesinnere gebracht. Viele von ihnen wurden anschließend in Konzentrationslager deportiert.[70]

Die Unterredung von Himmler und Minister Beck im Februar 1939 lässt darauf schließen, dass trotz der zuvor getroffenen Vereinbarungen mit Polen die Frage der „Judenauswanderung" für den Reichsführer-SS keineswegs als abgeschlossen betrachtet wurde. Die Äußerungen Becks wiederum lassen erkennen, dass Polen damals seine eigenen jüdischen Bürger:innen zur Auswanderung bewegen wollte. Es war also nicht nur Himmlers Wille, Polen zu derartigen Schritten zu bewegen. Die Ziele Deutschlands und Polens bezüglich der jüdischen Auswanderung tendierten damals in eine ähnliche Richtung. Der Reichsführer-SS mag gehofft haben, es gelinge ihm bei dem Treffen mit den polnischen Behörden die Stimmung zu nutzen und eine gemeinsame Lösung für diese Frage zu finden, die beide Länder beschäftigte.

Noch am selben Tag kam es auch zu einem Treffen Himmlers mit Becks Stellvertreter Mirosław Arciszewski, dem er dabei die „absolute Loyalität Hitlers gegenüber sämtlichen Verpflichtungen, die Deutschland jemals in Verträgen auf sich genommen habe, sowie gegenüber seinen früheren Äußerungen" zugesichert haben soll. Er soll hinzugefügt haben: „Polen kann sich des guten Willens

---

69 Siehe ausführlicher Do zobaczenia za rok w Jerozolimie. Deportacje polskich Żydów w 1938 roku z Niemiec do Zbąszynia/See You next Year in Jerusalem. Deportations of Polish Jews from Germany to Zbąszyń in 1938, Wojciech Olejniczak/Izabela Skórzyńska (Red.), Zbąszyń 2012.

70 The Nazi Holocaust. Origins of the Holocaust, Vol. 2, ed. Michael Robert Marrus, Meckler 1989, 543–544.

Hitlers absolut sicher sein", und dieser habe „die starke Entschlossenheit, die polnisch-deutschen Beziehungen im Geiste der freundschaftlichen und gutnachbarlichen Zusammenarbeit zu halten".[71] Nach diesen einführenden Freundlichkeiten ging das Gespräch auf die zwischen beiden Ländern strittigen Fragen über. Im Vordergrund stand das Thema der Freien Stadt Danzig, hinsichtlich derer die deutsche Seite ihre Erwartungen schon früher deutlich gemacht hatte. Adolf Hitler strebte an, Danzig an Deutschland anzuschließen, und zwar mit Zustimmung der polnischen Regierung. Das zweite und wichtigere Thema der damaligen Gespräche war die deutsche Forderung, Polen solle dem Bau einer exterritorialen Autobahn nach Ostpreußen durch Pommerellen zustimmen. Damit beabsichtigte Deutschland, eine spezielle Verbindung zu Lande zwischen seinem Kernland und dem geografisch isolierten Ostpreußen herzustellen. Hitler vertrat die Auffassung und ließ diese durch die deutsche Propaganda verbreiten, dass die positive Lösung dieser beiden Fragen dazu beitragen würde, dem deutschen Volk „Genugtuung" für die infolge des verlorenen Ersten Weltkriegs eingebüßten Territorien zu verschaffen. Er präsentierte sich selbst als Garant einer entsprechenden Vereinbarung und behauptete, das deutsche Volk davon überzeugen zu können, die restlichen deutschen Gebietsverluste als „Opfer" zugunsten Polens und als endgültigen Status Quo zu akzeptieren.[72]

Im Verlauf seines Treffens mit Arciszewski stellte Himmler eindeutig fest, dass die Danzig-Frage „zu den Themen gehört, die zwischen Polen und Deutschland entschieden werden müssen".[73] Die polnische Notiz über das Treffen zitiert Himmler mit der Aussage:

> „Die Danzig-Frage muss irgendwann definitiv gelöst werden. Deutschland hat eine Reihe von Provinzen an Polen verloren. Der Führer betrachtet diesen Verlust als endgültig, aber die öffentliche Meinung in Deutschland hat sich damit noch nicht völlig abgefunden. Natürlich ist das Wort des Führers für das deutsche Volk Gesetz, aber der Führer kann dieses Wort nur aussprechen, wenn er fühlt, dass der Grund dafür auf psychologischer Ebene vorbereitet ist. Die Lösung der Danzig-Frage würde den Führer in die Lage versetzen, vom deutschen Volk die endgültige Zustimmung zur deutsch-polnischen Grenze in ihrem gegenwärtigen Verlauf zu erhalten."[74]

Die hier zitierte Äußerung Himmlers war also nichts anderes als die Darlegung des offiziellen Standpunkts Deutschlands in der Danzig-Frage unter besonderer Betonung der gesellschaftlichen Stimmung zu diesem Thema im Deutschen Reich.

---

71 PDD/1939/styczeń–sierpień [PDD/1939/Januar–August], 104 (Vermerk des stellvertretenden Unterstaatssekretärs über das Gespräch mit dem Reichsführer SS vom 18.2.1939).
72 Kornat, Polityka zagraniczna Polski 1938–1939, 242.
73 PDD/1939/styczeń–sierpień [PDD/1939/Januar–August], 105.
74 Ebd.

Arciszewski widersprach Hitler heftig und wies Himmler darauf hin, dass

„Danzig eine Frage der unveräußerlichen Rechte Polens ist, die sich aus der Geschichte und aus der Tatsache ergeben, dass Polens Strom die Weichsel ist und Danzig an deren Mündung liegt. Außerdem ist der gegenwärtige Rechtsstatus von Danzig im Friedensvertrag festgelegt, und aus diesem Vertrag leitet auch Polen die Rechte ab, die es in Danzig besitzt und die es in den letzten 18 Jahren dort ausgeübt hat".[75]

Der polnische Vizeaußenminister betonte auch die Bedeutung des Versailler Friedensvertrags, den die deutsche Seite angriff: „Wir mischen uns nicht ein in die Bewertung des Friedensvertrages durch Deutschland, und sein weiteres Schicksal geht uns nichts an; aber unsere in diesem Vertrag gewährten Rechte bilden die Substanz unseres Standpunkts und unserer Politik im Westen."[76] Himmler soll nach der polnischen Zusammenfassung mit dem Argument gekontert haben, dass „die Mündung des Rheins ebenfalls im Ausland liegt, und das deutsche Volk sich hiermit abfinden müsse, und im übrigen zeige die Tatsache des Ausbaus des Hafens von Gdynia, dass Polen Danzig nicht mehr brauche".[77] Arciszewski reagierte auf diesen Hinweis recht energisch – und sein Bericht zeigt, dass er nicht geneigt war, den Aussagen seines Gastes zuzustimmen:

„Ich entgegnete, es lohne nicht, dass wir uns gegenseitig Argumente vortrügen und uns gegenseitig zu überzeugen versuchten. Es gehe nicht hierum, sondern darum, sich gegenseitig die unterschiedlichen Standpunkte bewusst zu machen. Zu seinen Argumenten fragte ich zurück, ob der Führer öffentlich die Doktrin verkünden könnte, dass das 80-Millionen-Volk der Deutschen 15 Seehäfen besitze, während für das 35-Millionenvolk der Polen ein Hafen ausreichen müsse. Wer die Danzig-Frage so stelle wie Herr Himmler, der leite die polnisch-deutschen Beziehungen automatisch von der Ebene gegenseitigen Vertrauens auf die Ebene des Kräfteverhältnisses beider Länder über – mit allen möglichen Konsequenzen."[78]

Bei dem Treffen zwischen Himmler und Arciszewski in Warschau am 18. Februar 1939 wurden des Weiteren die Themen Karpato-Ukraine, Memellande und die deutsche Politik gegenüber der polnischen Minderheit in Deutschland angesprochen;[79] die Danzig-Frage war jedoch zweifellos das wichtigste Gesprächsthema. Es kam darüber zu keinerlei Annäherung, und die polnisch-deutschen Beziehungen begannen sich schon wenig später rapide zu verschlechtern.[80] Rückblickend lässt sich feststellen, dass Polen vor dem Hintergrund der wach-

---

75 Ebd., 106.
76 Ebd.
77 Ebd.
78 Ebd.
79 Ebd., 106–107.
80 Rak, a. a. O., 442 ff.

senden Bedrohung für seine staatliche Existenz durch das Deutsche Reich um die Jahreswende 1938/39 keine andere Wahl hatte, als eine entschlossene Haltung einzunehmen. Im polnischen Außenministerium wurde zwar über verschiedene Formen möglicher Zugeständnisse nachgedacht. Angesichts des Strebens Hitlers, die Herrschaft über ganz Europa zu erringen, waren solche Zugeständnisse keine mögliche Option.[81] Zwar spielte Heinrich Himmler bei allen entscheidenden Ereignissen vor dem Ausbruch des Krieges nur eine marginale Rolle, dennoch erhielt die polnische Seite schon damals Hinweise darauf, dass die Bedeutung des Reichsführers-SS für das Machtgefüge des Deutschen Reiches zunahm. Es gab sogar die Spekulation, dass Himmler sich zwar „bisher abseits gehalten hat und eine abwartende Position einnimmt",[82] er aber schon bald großen Einfluss auf politische Entscheidungen gewinnen könne. Noch am 10. August 1939 berief sich Józef Lipski in einem an Józef Beck gerichteten Bericht auf die Meinung des Sekretärs der Botschaft in Berlin, Henryk Malhommé, der eindeutig die Ansicht vertrat, dass „Himmler in einigen Parteikreisen als Machtfaktor angesehen werde und dass von der Position, die er einnehme, einige Parteigenossen das künftige Schicksal Deutschlands abhängig machten".[83] Lipski machte sich diese Einschätzung im Wesentlichen zu eigen, weil sie sich auch mit seinen eigenen Wahrnehmungen decke, fügte aber hinzu, dass „die Einschätzung Himmlers ein gewisses Novum darstellt und noch näherer Prüfung bedarf".[84]

Auf dieser Grundlage scheint die Aussage berechtigt, dass die polnische Diplomatie bis zum Kriegsbeginn das wachsende politische Potential des Reichsführers-SS zwar wahrnahm, jedoch seine Rolle in der deutschen Politik, die auf rücksichtslose Maßnahmen gegen Polen abzielte, nicht voraussah. Das ist auch nicht verwunderlich, denn Himmler war in der Zwischenkriegszeit nicht an der Gestaltung der deutsch-polnischen Beziehungen beteiligt, seinen ersten Besuch in Warschau im Februar 1939 absolvierte er stellvertretend für den erkrankten Hermann Göring. Als er sich mit Vertretern der polnischen Regierung traf, hatte Himmler bereits eine fest verankerte Position im Innern des nationalsozialistischen Herrschaftssystems, und nach dem Ausbruch des Krieges weiteten sich seine Kompetenzen nochmals aus. Dabei handelte es sich um Befugnisse, die sich in erster Linie gegen Polen und die polnische Bevölkerung richteten. Himmler selbst äußerte sich bis Kriegsbeginn kaum über polnische Themen. Deutete also während der Zwischenkriegszeit irgendetwas darauf hin, dass Polen künftig der

---

81 Kornat, Polityka zagraniczna Polski 1938–1939, 302–303.
82 PDD/1939/styczeń–sierpień [PDD/1939/Januar–August], 736 (Bericht des Botschafters in Berlin über Gespräche des Sekretärs der Botschaft vom 10. 8. 1939).
83 Ebd., 737.
84 Ebd.

Hauptfokus seiner Bestrebungen zur „Germanisierung" und „Ausschaltung rassenmäßig feindlicher Elemente" werden würde?

Der „deutsche Osten" und die Notwendigkeit von „Lebensraum"

Die Volkstumspolitik, die von den deutschen Behörden im besetzten Polen umgesetzt wurde, stand mit der von den Nationalsozialisten propagierten These über den angeblich notwendigen und begründeten Drang nach „Lebensraum" im europäischen Osten im Zusammenhang. Die „Lebensraumthese" diente sowohl als Rechtfertigung als auch als Quelle von Argumenten für die Expansionspläne des Deutschen Reiches und seinen Versuch, Europa nach seinen Vorstellungen von einer neuen Ordnung umzugestalten.[85] Forderungen, zusätzlichen „Lebensraum" für die deutsche Gesellschaft auf Kosten anderer Nationen, insbesondere der slawischen Völker, zu schaffen, hatte es im deutschen politischen und philosophischen Diskurs schon lange vor der Machtergreifung der Nationalsozialisten gegeben. Die Aussage, Deutschland benötige „Lebensraum", war dabei nicht aus einer tatsächlichen Übervölkerung des Landes abgeleitet. Der Begriff des „Lebensraums" in territorialer Hinsicht wurde vielmehr aus der Darwin'schen Theorie über das Tierreich übernommen und auf die menschliche Gesellschaft übertragen. Die Anhänger von Projekten dieser Art stellten dem tatsächlichen Wachstum der bürgerlichen Großstädte Deutschlands eine Rückkehr zu dörflichen Idealen entgegen. Nach diesen Idealen sollten deutsche Siedler die Herrschaft über slawische Bauern in Mittel- und Osteuropa übernehmen. Historiker brachten zugunsten dieser Auffassung zwei Hauptargumente vor: erstens stünden die slawischen Bauern auf einem niedrigeren Entwicklungsniveau als Siedler aus Deutschland, woraus automatisch das Recht der letzteren abgeleitet wurde, die Herrschaft über die slawischen Einheimischen zu übernehmen, und zweitens beriefen sich diese Autoren auf bestimmte Traditionen, weil es diese deutsche Vorherrschaft in der Geschichte bereits gegeben habe.[86] Denn das Konzept des „Lebensraums" war untrennbar verbunden mit der Theorie von „Blut und Boden", wonach die Erde der höher stehenden germanischen Rasse zustehe, damit diese die Welt beherrsche.[87]

---

85 Anna Wolff-Powęska, Doktryna geopolityki w Niemczech [Die geopolitische Doktrin in Deutschland], Poznań 1979, 246.
86 Woodruff D. Smith, The Ideological Origins of Nazi Imperialism, New York 1986, 83–111.
87 Rosa Sala Rose, Krytyczny słownik mitów i symboli nazizmu [Kritisches Wörterbuch der Mythen und Symbole des Nazismus], übersetzt von Z. Jakubowska/A. Rurarz, Warszawa 2006, 131; George L. Mosse, Kryzys ideologii niemieckiej. Rodowód intelektualny Trzeciej Rzeszy [Die Krise der Deutschen Ideologie. Der ideologische Stammbaum des Dritten Reichs], übersetzt von T. Evert, Warszawa 1972, 272–273; Gustavo Corni, Richard Walter

Obwohl in Hitlers *Mein Kampf* von Polen kaum die Rede ist, sollte man dennoch nicht übersehen, dass die Narration zu diesem Thema genau den zuvor beschriebenen Tonfall aufweist. Schon in den 1920er-Jahren kritisierte der künftige „Führer" die Nationalitätenpolitik, die Bismarck und seine Nachfolger gegenüber Polen betrieben hatten. Hitler vertrat die Auffassung, es gehe nicht darum, Menschen zu Deutschen zu machen, sondern Land einzudeutschen. Der eventuelle Versuch, die polnische Bevölkerung zu „germanisieren", könne gegen die Größe und Würde der deutschen Nation ausschlagen;[88] daher sprach er sich direkt dafür aus, die örtliche Bevölkerung aus den Ostgebieten des Reiches zu entfernen und dort rassisch hochwertige deutsche Bauern anzusiedeln.[89]

Den Ideen des „deutschen Ostens" und der angeblichen Notwendigkeit, dort „Lebensraum" zu gewinnen, begegnete Himmler bereits in recht jungen Jahren. Sie festigten sich, als er 1928 einer Organisation mit dem Namen Artamanenbewegung[90] beitrat. Ihr Gründer war Willibald Hentschel, ein Sozialdarwinist und Anhänger der Rassenhygiene in Deutschland. Im Kontext von Himmlers späterer Tätigkeit muss daran erinnert werden, dass Hentschel für eine Erneuerung der „arischen" Rasse eintrat und die Auffassung vertrat, die Selbstreinigung der Rassen sei der Antriebsmotor der geschichtlichen Entwicklung. Schon 1904 hatte er eine Arbeit mit dem Titel *Mittgart* veröffentlicht, in dem er den Plan entwarf, eintausend ethnisch reine Frauen und einhundert nach Kriterien ihrer physischen Gesundheit und militärischen Tauglichkeit ausgewählte Männer zu Siedlungszwecken auszusenden. Hentschel schlug vor, diese Personen auf großen Bauernwirtschaften anzusiedeln, wo Nachkommen gezeugt werden sollten. Ihre Kinder würden die Orte ihrer Geburt im Alter von 16 Jahren verlassen, nach Deutschland zurückkehren und dort das rassische Potential erneuern.[91] Im Sinne solcher Theorien stellte sich der Artamanenbund als Vereinigung landwirtschaftlicher Gemeinschaften dar, deren Tätigkeit auf der von Hentschel entwickelten Lehre von „Blut und Boden" beruhen sollte.[92] Aufgabe dieser Gemeinschaften sollte es sein, Osteuropa durch den Aufbau eines Netzes von Wehr-

Darré – Der „Blut und Boden" Ideologe, [in:] Die braune Elite, Bd. 1, hg. v. Ronald Smelser/Rainer Zitelmann, Darmstadt 1989, 15–27. Im Einzelnen hat der Reichsbauernführer Richard Walter Darré die „Blut-und-Boden"-Ideologie in mehreren Büchern ausgeführt, vgl. Richard Walter Darré, Das Bauerntum als Lebensquell der nordischen Rasse, Berlin 1942; Ders., Neuadel aus Blut und Boden, München 1930; Ders., Aufbruch des Bauerntums. Reichsbauerntagsreden 1933 bis 1938, Berlin 1942.

88 Adolf Hitler, Mein Kampf. Eine kritische Edition, hg. v. Christian Hartmann/Thomas Vordermayer/Othmar Plöckinger/Roman Töppel, Band II, München/Berlin 2016, 999.

89 Ebd., 995–997.

90 Diese Organisation entstand 1924 und existierte bis 1928 als Artamanebewegung, bevor sie sich in Artamanenbund umbenannte.

91 Richard S. Levy, Antisemitism. A Historical Encyclopedia of Prejudice and Persecution, Vol. 1, Santa Barbara 2005, 296–297.

92 Franz Janka, Die braune Gesellschaft. Ein Volk wird formatiert, Stuttgart 1997, 167–168.

dörfern zu kolonisieren.[93] Unter den Mitgliedern der Organisation dominierten rechtsradikale und nationalistische Anschauungen. Eine der Forderungen, die die Artamanenbewegung stellte, war die Rückgewinnung der nach dem Ersten Weltkrieg an Polen verlorenen Gebiete für Deutschland.[94]

Es ist unzweifelhaft, dass die Ideen, die die Artamanenbewegung propagierte – etwa die Kultivierung der germanischen Mythologie, ein romantisches Verhältnis zur Natur, der Verzicht auf Alkohol und Tabak, ein materiell bescheidenes Leben und die gemeinsame Arbeit zur Pflege des Bewusstseins von der herausgehobenen Rolle der nordischen Rasse[95] –, sich eng mit Vorstellungen deckten, die bei Himmler schon vorhanden waren und die in seiner späteren politischen Tätigkeit zum Ausdruck kamen. Ende der 1920er-Jahre übernahm Himmler die Funktion eines Bezirksleiters des Artamanenbundes und wurde gleichzeitig zum Agrarexperten der NSDAP. Zu dieser Zeit äußerte er sich recht ausführlich über seine Anschauungen zu hiermit verbundenen Fragen, etwa in dem Artikel „Völkische Agrarpolitik". Hierin legte er seine Auffassung vom aktuellen Zustand der deutschen Volkswirtschaft dar und verband dies mit landwirtschaftlichen Ideen. Schon in diesem, 1928 erschienenen, Beitrag forderte Himmler, deutsche Bevölkerung in den Osten umzusiedeln:

> „Die ungeheuren Verluste des Bauernstandes in den verflossenen Jahrhunderten müssen wieder wettgemacht werden. Namentlich im Osten stehen heute gewaltige Landmassen aus dem Besitzstand der großen Güter zum Verkauf. Ihre Besiedlung mit Bauern und Landarbeitersöhnen ist notwendig, damit nicht wie bisher, die 2. und 3. Söhne des deutschen Landwirts zur Abwanderung in die Städte gezwungen werden",

und weiter:

> „Nur durch starke Siedlung kann es erreicht werden, daß das Landvolk wieder zu entscheidendem Einfluß in Deutschland kommt. Vermehrung des Bauerntums bedeutet zugleich die einzig wirksame Abwehr gegen das Eindringen der slavischen Arbeitermassen von Osten. So soll der Bauer wie vor 600 Jahren berufen sein, dem deutschen Volke im Kampfe gegen das Slaventum den Besitz der heiligen Mutter Erde zu erhalten und zu mehren."[96]

Ähnliche Formulierungen finden sich auch in anderen Äußerungen Himmlers Ende der 1920er-Jahre. Zur Bauernpolitik sagte er in einer Ansprache: „Das Kernstück des Landvolkes ist der freie Bauer auf freier Scholle. Er ist das stärkste Rückgrat deutscher Volkskraft und völkischer Gesinnung. Seine größte ge-

---

93 Michael H. Kater, Die Artamanen. Völkische Jugend in der Weimarer Republik, in: Historische Zeitschrift 213 (1971), 614.
94 Willibald Hentschel, Mittgart. Ein Weg zur Erneuerung der germanischen Rasse, Dresden 1911, 7–8.
95 Kater, a. a. O., 623.
96 Völkische Agrarpolitik, Bl. 21, BArch, NS 19/1789.

schichtliche Leistung ist die friedliche Eroberung der deutschen Ost- und Süd-
ostmark durch Siedlung."[97] Es fällt auf, dass in Himmlers Narrativ, das von
völkischen Ideen durchsetzt ist und die Forderung nach systematischer bäuer-
licher Siedlungspolitik erhebt,[98] schon damals die Notwendigkeit behauptet wird,
Gebiete östlich von Deutschland zu übernehmen. Auch nach der nationalsozialistischen Machtübernahme finden sich solche Motive und Bezüge auf das
„Lebensraum"- bzw. „Blut-und-Boden"-Konzept in offiziellen Auftritten Himmlers,[99] ebenso Ankündigungen eines künftigen deutschen Großreichs.[100] Allerdings fehlen in diesen Äußerungen direkte Bezüge auf Polen und sein Territorium. Vor diesem Hintergrund scheint die Frage berechtigt, was Himmler unter
dem von ihm seit den 1920er-Jahren benutzten Begriff des „deutschen Ostens"
verstand und was sich hinter der Rede über den Aufbau eines „bis zum Ural"
reichenden germanischen Staates verbarg. Auch Himmler muss das Offen-
sichtliche klargewesen sein, nämlich dass die Realisierung der von ihm verkün-
deten Pläne mit einer Verletzung des Territoriums der Republik Polen einher-
gehen würde.[101] Hat er vielleicht Polen nur deshalb nicht ausdrücklich erwähnt,
weil er das Land ohnehin als Element des künftigen „deutschen Ostens" betrachtete?

Es scheint, dass die Antwort auf diese Frage in dem durch die Nationalsozialisten gepflegten Narrativ von Ansprüchen auf polnisches Territorium zu
finden ist. Als durch Führererlass vom 8. Oktober 1939 der westliche und
nördliche Teil Polens durch das Deutsche Reich annektiert wurde,[102] geschah dies
unter Berufung darauf, dass diese Gebiete früher zum Reich gehört hatten
(Westpreußen, die Provinz Posen und Oberschlesien bis 1919). Revisionistische

---

97 Ansprache Heinrich Himmlers zur „Völkischen Bauernpolitik", höchstwahrscheinlich von
    1928, Bl. 17, BArch, NS 19/1789.
98 Michael Alisch, Heinrich Himmler. Wege zu Hitler, Frankfurt am Main 2010, 93–95.
99 Rede Heinrich Himmlers vor Leitern von Bildungseinrichtungen und Schülern der 8. Klasse
    der Nationalpolitischen Erziehungsanstalten von 1938, Bl. 43, BArch, NS 19/4005.
100 Rede Heinrich Himmlers in Breslau, 19. Januar 1935, Bl. 26–27, BArch, NS 19/4002; Rede
    Heinrich Himmlers in der SS-Junkerschule Tölz vom 11.3.1938, Bl. 13, BArch, NS 19/4005.
101 Peter Longerich beschreibt Himmlers Aktivitäten für die Artamanen-Gesellschaft in einer
    2007 erschienenen umfassenden Biografie des Reichsführers. Longerich geht jedoch nicht
    auf die Frage ein, wie Himmler im Zusammenhang mit der von den Artamanen vertretenen
    Stellung die Fragen in Bezug auf Polen verstand. Auch die von Himmler in der zweiten
    Hälfte der 1930er-Jahre initiierte Zusammenarbeit zwischen polnischen und deutschen
    Sicherheitsbehörden wird in dem Buch nicht weiter thematisiert.
102 Erlaß des Führers und Reichskanzlers über Gliederung und Verwaltung der Ostgebiete vom
    8.10.1939, RGBl. I, 1939, 2042ff., polnische Übersetzung in: Sylwia Grochowina/Katarzyna
    Kącka, Polityka niemieckich władz okupacyjnych na Pomorzu Gdańskim. Dokumentacja
    wybranych problemów [Die Politik der deutschen Besatzungsbehörden in Pommerellen.
    Dokumentation ausgewählter Probleme], Toruń 2018, 63–65; 365–367; Czesław Madajczyk,
    Polityka III Rzeszy w okupowanej Polsce, Bd. 1 [dt. u.d.T. Die Okkupationspolitik Nazi-
    deutschlands in Polen 1939–1945, Köln (= Berlin/DDR) 1988], Warszawa 1970, 64–72.

Forderungen bezüglich dieser Gebiete wurden nach und nach erweitert um die Behauptung, die Wiedergewinnung der einstigen Provinzen sei erst der erste Schritt zur künftigen Kolonialherrschaft. Eine wichtige Rolle in diesem Narrativ stellten die aufgrund der verwickelten deutsch-polnischen Beziehungen in diesen Gebieten lebenden ethnischen Deutschen, die die NS-Terminologie als Volksdeutsche bezeichnete. Dabei muss allerdings betont werden, dass dieser Personenkreis ohne Rücksicht auf seine mehr oder minder deutsche Abstammung zum überwiegenden Teil die polnische Staatsbürgerschaft besaß. Die nationalsozialistische Propaganda instrumentalisierte diese Gruppe, um aus ihr das Fundament jener Germanisierungspolitik zu machen,[103] für die Himmler als Reichskommissar für die Festigung deutschen Volkstums die Federführung übernahm. Polen war für ihn dabei ein Element des künftigen „deutschen Ostens", auch wenn es so scheint, dass mindestens ein Teil der angeblich „wiedergewonnenen" – und nicht militärisch eroberten – Gebiete zur Kolonisierung vorgesehen war.

Zusammenfassung

Himmlers in der Vorkriegszeit nur sporadische Kontakte mit polnischen Vertretern und seine minimalen und eher euphemistischen Äußerungen zu mit Polen verbundenen Themen nahmen erst während des Zweiten Weltkriegs die Gestalt einer systematisch betriebenen Politik an. Während der Reichsführer-SS vor 1939 zwar sicherlich von angehäuften Vorurteilen geprägt war, sich aber öffentlich nicht negativ zu Polen und seiner Bevölkerung äußerte, änderte sich der Ton seiner diesbezüglichen Äußerungen mit dem Beginn der deutschen Okkupation merklich. Von seiner Verachtung gegenüber den polnischen Bürgern zeugt ein Brief von Himmlers Ehefrau Marga, die sich im März 1940 in einem Brief zur Tätigkeit ihres Mannes äußerte: „Nun war ich in Posen, Lodsch u. Warschau. Dieses Judenpack, die Pollacken, die Meisten sehen gar nicht wie Menschen aus, u. der unbeschreibliche Dreck. Es ist eine unerhörte Aufgabe dort Ordnung zu schaffen."[104] Marga Himmler stand unter dem starken Eindruck der Schilderungen ihres Mannes und notierte bei ihrem zweiten Besuch in Polen zwei Wochen später: „Ich war wieder im Osten. Posen, Bromberg zu Foedischs. Alles sehr nett. Da gibt es zu tun. Dieses Polenvolk stirbt nicht so leicht an den an-

---

103 Isabel Heinemann, Rasa, ziemia, niemiecka krew. Główny Urząd Rasy i Osadnictwa SS i nowy porządek rasowy Europy [deutsche Originalausgabe: Rasse, Siedlung, deutsches Blut. Das Rasse- und Siedlungshauptamt der SS und die rassenpolitische Neuordnung Europas, Göttingen 2004], übersetzt von J. Górny, Gdańsk 2014, 166.

104 Katrin Himmler, Michael Wildt, Himmler privat. Briefe eines Massenmörders, München 2014, 226 (Aufzeichnung von Marga Himmler vom 7.3.1940).

steckenden Krankheiten, sind emun. Kaum verständlich. Bromberg doch ziemlich trostlos. [...] In der ganzen Polenzeit ist doch nichts in dem ganzen Lande getan worden."[105]

Himmlers nach dem Ausbruch des Zweiten Weltkriegs eingeleitete Politik der „Germanisierung", Selektion und Liquidierung der Bevölkerung auf dem Gebiet Polens wurde von Monat zu Monat brutaler.[106] Im Rahmen der Zusammenfassung lohnt es jedoch, die Worte des Reichskommissars für die Festigung deutschen Volkstums, dessen Amtsinhaber Himmler war, zu zitieren, die er kurz nach dem Beginn des Warschauer Aufstands im August 1944 an Hitler richtete:

> „Mein Führer, der Zeitpunkt ist für uns nicht besonders günstig. Vom historischen Standpunkt aber ist es ein Segen, dass die Polen das tun. Wir werden fünf oder sechs Wochen brauchen, um damit fertigzuwerden. Und danach wird Warschau zerstört werden, die Hauptstadt, der Kopf und die Intelligenz dieses ehemaligen 16- oder 17-Millionenvolks, das uns seit 700 Jahren vom Osten abschneidet und uns seit Tannenberg im Wege ist."[107]

Obwohl diese Worte auf dem Höhepunkt der antislawischen Einstellung Heinrich Himmlers gefallen sind, geben sie wohl doch den Inbegriff seiner Herangehensweise an die polnische Frage wieder, sowohl für die Kriegs-, als auch für die davor liegende Friedenszeit. Die zuvor im Beitrag beschriebene Zusammenarbeit Himmlers mit polnischen Regierungsdienststellen hatte genau jenen „vorübergehenden und taktischen" Charakter, den die polnische Historiografie dem Gesamtkomplex der polnisch-deutschen Kontakte in der Zwischenkriegszeit zuschreibt.

---

105 Ebd. (Aufzeichnung von Marga Himmler vom 23.3.1940).
106 Zu Himmlers Politik der Selektion, „Germanisierung" und Beseitigung der polnischen Bevölkerung während des Zweiten Weltkriegs sowie zu den von ihm durchgesetzten Regelungen gegenüber den polnischen Zwangsarbeitern im besetzten Polen und an den Orten ihrer Zwangsarbeit im Innern des Reiches wird die Autorin demnächst eine gesonderte Publikation vorlegen.
107 Zbrodnie okupanta hitlerowskiego na ludności cywilnej w czasie powstania warszawskiego w 1944 roku (w dokumentach) [Die Verbrechen der Nazibesatzer an der Zivilbevölkerung während des Warschauer Aufstands 1944], ausgewählt und bearbeitet von Szymon Datner/ Kazimierz Leszczyński, Warszawa 1962, 306. (Rückübersetzung aus dem Polnischen, das Original hat nicht vorgelegen, A.d.Ü.)

Christian Klösch

„Operazija Ossoawiachim". Österreichische Techniker im sowjetischen Raketenprogramm (1945–1958)

Einleitung

Der Wissenstransfer deutscher Militärtechnik nach der Zerschlagung des Deutschen Reiches nach Ost und West ist in der Forschung gut dokumentiert. Im Jahrzehnt nach der „Wende" 1989 und dem Zusammenbruch der Sowjetunion hatte die Forschung zu deutschen Spezialist:innen in der UdSSR nach 1945 Konjunktur.[1] Gleichzeitig publizierten einige der noch lebenden Raketenwissenschaftler ihre Erinnerung und standen als Zeitzeugen zu Verfügung.[2]

Im Fokus des Forschungsinteresses stand besonders die Frage, inwiefern die 150 deutschen Raketentechniker, die zwischen 1946 und 1958 in der UdSSR arbeiten mussten, die sowjetische Militär- und Weltraumraketentechnik prägten und der technologische Vorsprung, den die UdSSR im Vergleich zu den USA am Beginn des „Space Race" Ende der 1950er-Jahre hatte, daraus erklärt werden kann.

Die sowjetische Geschichtsschreibung der Nachkriegsphase trachtete die Bedeutung der importierten Spezialisten herunterzuspielen und sprach praktisch jede Errungenschaft und Entdeckung sowjetischen Techniker:innen oder Wissenschafter:innen zu.[3] Der Journalist Alexander Romanow zitierte in den 1970ern den führenden sowjetischen Raketentechniker Sergej Koroljow (1907–

---

1 Kurt Berner, Spezialisten hinter Stacheldraht, Berlin 1990; Ulrich Albrecht/Andreas Heinemann-Grüder/Arend Wellmann, Die Spezialisten. Deutsche Naturwissenschaftler und Techniker in der Sowjetunion nach 1945, Berlin 1992; Jürgen Michels unter Mitarbeit von Dr. Olaf Przybilski, Peenemünde und seine Erben in Ost und West. Entwicklung und Weg deutscher Geheimwaffen, Bonn 1997; Christoph Mick, Forschen für Stalin. Deutsche Fachleute in der sowjetischen Rüstungsindustrie 1945–1958, Oldenburg 2000; Matthias Uhl, Stalins V-2. Der Technologietransfer der deutschen Fernlenkwaffentechnik in die UdSSR und der Aufbau der sowjetischen Rakentenindustrie 1945–1959, Bonn 2001.
2 Werner Albring, Gorodomlia. Deutsche Raketenforscher in Rußland, Hamburg 1991; Kurt Magnus, Raketensklaven. Deutsche Forscher hinter Stacheldraht, Stuttgart 1993; Boris Ewseewitsch Tschertok, Raketen und Menschen, Klitzschen 1998.
3 Mick, Forschen für Stalin, 17.

1966) mit den Worten: „Die Bekanntschaft mit der deutschen Flüssigkeitsraketen V2 brachte keine Offenbarungen. Diese Kampfraketen bauten im Wesentlichen auf den Ideen Ziolkowskis auf. Es galt, eine eigene Methode zur Entwicklung leistungsstarker und zu verlässlicher Raketen zu erarbeiten."[4]

Im Westen wiederum verbreitete sich der Topos, dass Russland seit Jahrhunderten Wissen aus dem Westen „gestohlen" hätte und ohne diesen Wissenstransfer weder Raketen für die Raumfahrt noch die Atombombe hätte bauen können.[5]

Die zeitgenössische Forschung konnte beide konträren Positionen auflösen und herausarbeiten, dass die Kenntnis deutscher Raketentechnik zwar wichtiger Impulsgeber war, aber die entscheidenden technischen Entwicklungen von sowjetischen Forscher:innen eigenständig zu einem Zeitpunkt entwickelt und umgesetzt wurden, als sich die meisten der deutschen Techniker wieder in der DDR oder im Westen befanden.

Österreichische Spezialisten im Raketenprogramm der UdSSR

Über die projektierten und tatsächlich gebauten Test- und Produktionsstandorte der A4/V2 Rakete in Österreich liegen bereits seit den 1980er-Jahren Arbeiten vor.[6] Aus Sicht der österreichischen Zeitgeschichtsforschung ist die Beteiligung von in Österreich geborenen Wissenschafter:innen und Techniker:innen im deutschen Raketenprogramm sowie beim Transfer von Forschung und Militärtechnik zu den westlichen Alliierten und in die Sowjetunion nach 1945 bis auf einen Aufsatz weitgehend ein Forschungsdesiderat.[7] Die Autoren unternahmen darin exemplarisch anhand von vier Karrieren den Versuch einer Bestandsaufnahme der Übernahme österreichischer Techniker durch die Siegermächte nach 1945, wobei sie auf eine Gesamtzahl von bis zu 50 Personen kamen. Detaillierter behandelten sie die beiden im Rahmen der „Aktion Paperclip" für die USA angeworbenen Flugzeugtechniker Anselm Franz (1900–1994) und Herbert A.

---

4 Konstantin Eduardowitsch Ziolkowski (1857–1935) war ein sowjetischer Pionier der Raketentechnik. Alexander Romanow, Sergej Koroljow, Chefkonstrukteur der Raumschiffe, Moskau 1976, 29.

5 Besonders einflussreich war Werner Keller, Ost Minus West Gleich Null, München 1963.

6 Florian Freund, Bertrand Perz, Das KZ in der „Serbenhalle". Zur Kriegsindustrie in Wiener Neustadt, Wien 1988; Florian Freund, Arbeitslager Zement. Das Konzentrationslager Ebensee und die Raketenrüstung, Wien 1991; Cyril Mallet, V2-Raketen im Brauereikeller. Das Konzentrationslager Redl-Zipf 1943–1945, Wien 2018.

7 Walter M. Iber, Harald Knoll, Bruno P. Besser, Forschung – Technik – (Rüstungs)-Industrie. Österreichische Spezialisten in den Diensten der Siegermächte, in: Gerald Schöpfer/Barbara Stelzl-Marx (Hg.), Wirtschaft. Macht. Geschichte. Brüche und Kontinuitäten im 20. Jahrhundert. Festschrift für Stefan Karner, Graz 2012, 461–476.

Wagner (1900–1982) sowie den in die UdSSR verschleppten Flugzeugtechniker Ferdinand Brandner (1903–1986) und den im sowjetischen Atomprogramm tätigen Gernot Zippe (1917–2008).

Die vorliegende Arbeit konzentriert sich auf fünf österreichische Techniker im Raketenprogramm der UdSSR nach 1945.[8] Gemeinsam ist Josef Pointner (1920–2018), Anton Närr (1899–1973), Johannes Hoch (1913–1955), Josef Eitzenberger (1905–1978) und Werner Buschbeck (1900–1974), dass sie in der (Rüstungs-)Industrie des Deutschen Reiches tätig waren und unfreiwillig in die UdSSR verschleppt wurden und dort zum Teil bedeutende technische Entwicklungsarbeit geleistet haben. So hat Johannes Hoch mit Josef Eitzenberger und Werner Buschbeck in den Jahren von 1950 bis 1953 entscheidend bei der Entwicklung des Flugabwehrraketensystems S-25 „Berkut" mitgewirkt, das die Grundlage für die späteren Flugabwehrraketensysteme sowjetischer und russischer Bauart bildete.

Gemeinsam ist ihnen auch, dass sie weder im Deutschen Reich noch während ihrer Tätigkeit in der UdSSR als Österreicher wahrgenommen wurden.[9] Die Sowjets verweigerten den Österreichern spezielle Privilegien. Für die deutschen Spezialisten waren sie, wenn überhaupt, nur auf Grund ihrer Sprache als Österreicher zu erkennen. Und sie waren oft mit deutschen Frauen verheiratet und beruflich bereits ab den 1920er-Jahren in Deutschland sozialisiert worden. Die Frage nach der Staatsbürgerschaft gewann erst am Ende ihrer Verschleppung an Bedeutung, als der Termin der Repatriierung näher rückte und damit auch die Entscheidung virulent wurde, in welches Land sie zurückkehren wollten. Erst dann wurden sie von den Sowjets als Österreicher wahrgenommen und gleich (schlecht) behandelt wie jene, die in die Westzone Deutschlands ausreisen wollten.

Die Karrieren zeigen auch die Attraktivität der deutschen (Rüstungs-)Industrie in der Zwischenkriegszeit für junge Ingenieure, die ihre Ausbildung in Österreich absolviert hatten. Abgesehen von der Rüstungsindustrie offerierten deutsche Universitäten und Forschungsinstitute bessere Chancen und Arbeitsbedingungen; dasselbe gilt auch für die Zeit nach 1945, in der die USA und auch die UdSSR auf Grund des Wettrüstens im Kalten Krieg Arbeitsmöglichkeiten boten, die in Österreich nicht vorhanden waren. Bis auf Josef Pointner, der die Branche wechselte, wanderten alle untersuchten Techniker nach ihrer Rückkehr aus der UdSSR weiter in die Bundesrepublik Deutschland und nahmen zum Teil ihre Tätigkeit von vor 1939 wieder auf.

---

8 Ohne Zugang zu den Privatsammlungen von Ernest Pointner (Wien) und Werner Hoch (Krems) wäre diese Arbeit nicht möglich gewesen. Für die Überlassung von Dokumenten, Fotografien und persönlichen Aufzeichnungen ihrer Väter Josef Pointer und Johannes Hoch danke ich herzlich.
9 Siehe dazu Mick, Forschen für Stalin, 15, Fußnote 8.

1.   Der Triebwerksspezialist Josef Pointner in Woffleben und Moskau

Josef Pointner (2. 8. 1920–11. 6. 2018) wurde als Sohn des Polizeibeamten Eduard Pointner (15. 5. 1885) und der Magdalena (geb. Alfons, 19. 2. 1888–31. 7. 1945) in Wien geboren.[10] Er maturierte 1938 an der Höheren Staats-Gewerbeschule in Wien, Schellinggasse 13, in der Fachrichtung Elektrotechnik. Danach arbeitete er ein Jahr als Techniker bei den Junkers-Werken in Dessau, Thüringen, bevor er im Herbst 1939 – nach eigenen Angaben – Vorlesungen an der Technischen Hochschule in Wien besuchte.[11] Im Frühjahr 1940 zog ihn die Luftwaffe als Techniker ein. Bis September 1943 war er auf Luftbasen in Böhmen, Berlin, Hamburg und Schlesien eingesetzt, bevor er als Ingenieursoldat in Zivil zur Firma „H. Walter KG" nach Kiel in die Abteilung „Reaktivtechnik" versetzt wurde.[12] Pointner kam in die Arbeitsgruppe, die sich mit Starttriebwerken für Flugzeuge und später mit Antrieben für Unterwassertorpedos beschäftigte.[13] In Kiel lernte er auch seine spätere Frau Susanne Bock (27. 2. 1925–14. 11. 2003) kennen. Nach einem Bombenangriff lagerte die Firma im September 1944 die Produktion nach Schlesien aus. Pointner arbeitete im Winter 1944/45 im Ausweichbetrieb Marklissa, wo er nun bei der Triebwerksentwicklung für die konzipierte Flugabwehrrakete „Schmetterling" eingesetzt war.[14] Vor den sowjetischen Truppen flüchtete er im Februar 1945 nach Kiel und arbeitete dann bis Kriegsende im Ausweichbetrieb der „H. Walter KG" in Woffleben bei Nordhausen, nicht weit vom KZ Mittelbau-Dora entfernt. Dort „lernte er den NS-Terror kennen", wie er in seinen Erinnerungen festhielt. Im Betrieb arbeiteten „halbverhungerte KZler". Nach Kriegsende wohnte er in einer leerstehenden Baracke auf dem Firmengelände, bis Anfang Juni 1945 die Russen das Gebiet übernahmen und ihn verhafteten: „Was folgte, war eine grauenhafte Woche. Man sperrte mich in Nordhausen in einen finsteren, feuchten Keller, der voll Arretierter war. Man warf uns alles Mögliche vor. Es gab keine Toiletten, kein Licht, es war kalt und nass, wir bekamen nichts zu essen."[15]

---

10 Die Darstellung folgt im Wesentlichen dem Manuskript: Josef Pointner, 6 Jahre verschleppt in der Sowjetunion 1946–1952. Eine Dokumentation von Josef Pointner (der mit dabei war…), unveröffentlichtes Manuskript, Wien 1997, 2. Kopie im Besitz des Verfassers; Ingenieur-Zeugnis Josef Pointner, 10. 8. 1939, und Reifezeugnis Josef Pointner, 1938. Nachlass (NL) Pointner.

11 Josef Pointner – Wohn- Lebenstopographie, hs. o. D. NL Pointner. Eine Inskription lässt sich im Archiv der Technischen Universität Wien nicht nachweisen.

12 Emil Kruska, Prof. Helmuth Walter 60 Jahre, in: Verein Deutscher Ingenieure Nachrichten, 24. 8. 1960, 25.

13 Josef Pointner, Einige Details über meine Tätigkeit in der SU, Dezember 1996, unveröffentlichtes Manuskript, 1. Kopie im Besitz des Verfassers.

14 Pointner, 6 Jahre, 26.

15 Ebd., 3.

Als Flugzeug Mechaniker an Arado 10 c

Abb. 1: Josef Pointer als Flugzeugmechaniker der Deutschen Luftwaffe (Quelle: Privatarchiv Ernest Pointner)

Während eines Verhörs bot ihm ein russischer Offizier an, als Ingenieur für die UdSSR zu arbeiten: „Wenn ich bereit sei, mit den Russen zu arbeiten, könne ich den Keller bald verlassen. Ich sagte zu, was blieb mir anderes übrig?" resümierte er in seinen Erinnerungen.[16]

Ab August 1945 arbeitete er als Angestellter der von den Sowjets übernommenen Firma „ODER-AG" in der alten Baracke der „H. Walter KG". Er und seine Mitarbeiter versuchten, Konstruktionszeichnungen von Flugzeugen und Flugabwehrraketen zu rekonstruieren. Nach eigenen Angaben behandelten die Sowjets ihn und die anderen Mitarbeiter „anständig", er bekam jeden Monat zusätzlich zum Gehalt ein Lebensmittelpaket, den sogenannten „Patschok".[17] Noch im September 1945 holte er seine Verlobte aus Schleswig-Holstein zu sich nach Woffleben in die Ostzone. Seine Arbeitsstelle wurde im Herbst 1945 zunächst nach Bleicherode verlegt und in die „Gesellschaft für elektroakustische und mechanische Apparate mbH" (GEMA) integriert. Im Mai 1946 verlagerten die Sowjets die Firma nach Berlin Köpenick und integrierten sie in das bestehende „Institut Berlin". Pointner war am Institut beinahe der Einzige, der sich schon in

---

16 Ebd., 4.
17 Ebd.

der Kriegszeit mit Raketenantrieben beschäftigt hatte. Zusammen mit dem russischen Offizier N.L. Umanskij leitete der damals 26-jährige als Oberingenieur eine 20 Personen umfassende Abteilung für die Rekonstruktion der Triebwerke, der deutschen Flugabwehrraketen „Schmetterling" und „Rheintochter".[18]

Die Verschleppung – sechs Jahre in der UdSSR

Einschneidend für Josef Pointner und seine Verlobte war die Verschleppung in die UdSSR am 22. Oktober 1946:

> „Um 3 Uhr in der Früh vernahmen wir in unserer im zweiten Stock gelegenen Wohnung […] ein mächtiges Poltern an der Türe. […] einige Soldaten, ein Offizier und eine Dolmetscherin erklärten mir, das Werk ‚GEMA' werde in die Sowjetunion verlegt und […] alles in der Wohnung Befindliche werde verladen."[19]

Die Sowjets hatten die Aktion schon seit Frühjahr 1946 vorbereitet. Aus seiner Arbeitsgruppe war Pointner der Einzige, der ausgewählt wurde. Nach zehntägiger Zugfahrt erreichten sie das 25 km östlich von Moskau gelegene Bolschewo, wo sich ein ehemaliges Erholungsheim für russische Filmschaffende befand, das von den Russen schon bald die Bezeichnung „Faschistenpalais" bekam. Das Gelände war mit Stacheldraht abgesperrt und streng bewacht. Einmal im Monat durften er und seine Verlobte Moskau besuchen.[20]

Leiter der aus rund 500 Spezialisten und Angehörigen bestehenden Gruppe war Helmut Gröttrup (12. 2. 1916–4. 7. 1981). In ihr befand sich, so Pointer, „auch eine erkleckliche Anzahl von Österreichern."[21] Dem österreichischen Innenministerium gegenüber gab er später an, dass sich „in dem Lager, in dem ich mich befand […] ca. 15–20 Österreicher, größtenteils mit Familie und anderen Angehörigen"[22] aufhielten. Ein Vorstoß Pointners, bei den Russen als Österreicher einen Sonderstatus zu erlangen, scheiterte. Sie bekamen einen unbefristeten Arbeitsvertrag mit dem „Wissenschaftlichen Forschungsinstitut 88" (NII-88), wobei die Bezahlung der Spezialisten sehr unterschiedlich war – eine Tatsache, die später zu viel Streit in der Gruppe führte. Die Differenz zwischen höchstem und niedrigstem Gehalt war wesentlich größer als in Deutschland. Das deutsche Kollektiv war bunt gemischt, neben Diplomingenieuren, Doktoren, Universitätsprofessoren gab es auch Facharbeiter, Schweißer, Schlosser, Mechaniker,

---

18 Uhl, Stalins V-2, 95, 267 und Pointner, 6 Jahre, 4.
19 Pointner, 6 Jahre, 5.
20 Ebd., 6.
21 Ebd., 7.
22 Generaldirektion für die öffentliche Sicherheit, Gz. 24340-ZA/1961, Josef Pointner an Bundesministerium für Inneres, 31. 5. 1961. Österreichisches Staatsarchiv (ÖStA), Archiv der Republik (AdR), Bundesministerium für Inneres (BMI).

Lehrer, Praktiker und Theoretiker. Als Hauptkonstrukteur und Leiter verdiente Göttrup mit 10.000 Rubel am meisten, danach kamen promovierte Sektorleiter mit 7000 Rubel; Diplomingenieure mit besonderen Kenntnissen erhielten zwischen 4000–5000 Rubel im Monat. Das Handwerkergehalt betrug 2500, jenes von Sekretärinnen 1600. Damit lagen die Gehälter der deutschen Spezialisten in der Regel weit über jenen der russischen Kollegen:innen.[23] Pointners Gehalt betrug anfangs 4700 Rubel im Monat und entsprach damit dem eines sowjetischen Oberstleutnants.

Jeden Morgen wurden die Techniker mit dem Bus in das Werk NII-88 gebracht. Im Gegensatz zu seiner Tätigkeit in Deutschland arbeitete Pointner nun nicht mehr mit sowjetischen Ingenieuren zusammen: „Was wir zeichneten und rechneten, verschwand alles; es ging in irgendeine andere Abteilung. Später erfuhren wir, es wurden praktische Raketenstarts dort vorbereitet."[24] In Bolschewo und ab Februar 1948 in Puschkino, einem weiteren Vorort von Moskau, verbrachten die Pointners zirka eineinhalb Jahre. An seinen Vater in Wien durfte er alle zwei bis drei Monate einen Brief schreiben bzw. empfangen. In ihrer Freizeit blieben sie, abgesehen von begleiteten Einkaufsfahrten nach Moskau, meist unter sich. Am 1. November 1947 heiratete Pointner in Moskau seine Verlobte Susanne. Am Tag davor war der gemeinsame Sohn Ernest Alexei auf die Welt gekommen.[25] Anlässlich des Jahrestags der Ankunft in Moskau im November 1947 organisierte Josef Pointner für das deutsche Kollektiv Kulturabende, zu dessen Anlass er selbstgeschriebene Gedichte vortrug.[26]

Ein tiefer Einschnitt war im Frühjahr 1948 die Verlegung der Arbeitsstelle und damit verbunden auch die Übersiedlung aller Spezialisten mit ihren Familien auf die abgelegene Insel Gorodomlia im Seligersee, ungefähr auf halber Strecke zwischen Moskau und dem damaligen Leningrad. Die Lebens- und Arbeitsbedingungen in der neuen Außenstelle waren wesentlich schlechter als in Moskau. Neben der Familie Pointner betraf diese Verlegung auch die österreichischen Technikerfamilien von Johannes Hoch (insgesamt fünf Personen) und Anton Närr (drei Personen). Die Familie Pointner war im Haus 10 untergebracht. Ihr stand ein Eckzimmer mit Balkon zu Verfügung, die Küche teilten sie sich mit Nachbarn. Die Familie Hoch wohnte ebenfalls im Haus 10, Familie Närr lebte in Haus 1.[27]

Pointner war nun der Gruppe der Triebwerksexperten um Karl-Joachim Umpfenbach (1902–1954) zugewiesen und erforschte die Brennprozesse bei

---

23 Albring, Gorodomlia, 103.
24 Pointner, 6 Jahre, 8.
25 Generaldirektion für die öffentliche Sicherheit, Gz. 24340-ZA/1961. ÖStA, AdR, BMI.
26 Pointner, 6 Jahre, 63f.
27 Ebd., 48, Familien/Personen auf Gorodomlia, Wohnungen Haus 1 bis 12, Stand ca. 1950 und hs. Notizen auf einem Zeitungsauschnitt der Insel Gorodomlia Quick, Nr. 43, 24.10.1957.

Im Zimmer auf GORODOMLIA

Abb. 2: Josef Pointner und Familie auf Gorodomlia (Quelle: Privatarchiv Ernest Pointner)

Raketentreibstoffen. Er arbeitete ausschließlich im Konstruktionsbüro und war nie bei den Triebwerkstests auf dem auf der Insel errichteten Teststand anwesend. Im Werk NII-88 herrschte strengste Geheimhaltungspflicht. Keine Unterlage durften das Büro verlassen. Jeden Abend mussten die Arbeitsblätter abgezählt abgegeben werden, woraufhin sie in einem Koffer verschlossen wurden, der vor Arbeitsantritt wieder ausgehändigt wurde. Wenn morgens die Zahl der Papiere mit jener am Abend nicht übereinstimmte, drohten Verhöre durch Mitarbeiter des Inlandgeheimdienstes NKWD.[28]

Kurz nach der Ankunft auf der Insel Gorodomlia erkrankte Pointner zunächst an Typhus und dann an einem Rückenmarksleiden, das ihn fast zwei Jahre lang ans Bett fesselte. Die Zeit vom Sommer 1948 bis Ende 1950 verbrachte er in verschiedenen Krankenhäusern und Sanatorien. Da im Krankheitsfall nur mehr die Hälfte des Gehaltes ausgezahlt wurde, kam die Familie nun in gröbere finanzielle Schwierigkeiten. Als Hobbyfotograf hatte Pointner aber sein eigenes Fotolabor mit einem Vergrößerungsapparat bei sich; so verdiente seine Frau mit dem Verkauf von Porträtfotos etwas Geld dazu. Dass Pointner „a good photographer" war, wusste auch der amerikanische Geheimdienst CIA.[29] Anfang 1951 war er so weit gesundet, dass er mit einem Stützkorsett zumindest für wenige Stunden am Tag arbeitsfähig war. Seine Rückkehr fiel mit dem Beginn der von den Russen verordneten technisch-geistigen Quarantäne zusammen. Als Vorbereitung zur Rückkehr bekamen sie statt Raketenaufträgen nun solche zur Konstruktion von landwirtschaftlichen Geräten.[30]

Nach Ende der „Abkühlphase" durfte die Familie Pointner am 19. Juni 1952 zunächst in die DDR zurückkehren. Seine wieder akut gewordene Wirbelsäulenerkrankung verhinderte aber die geplante Weiterreise nach Österreich. Außerdem übten die Behörden Druck auf ihn aus, eine Beschäftigung in der DDR anzunehmen.[31] Der Berliner Aufstand im Juni 1953 verzögerte nochmals die Rückkehr. Da er infolge seiner Krankheit vollkommen mittellos war, musste ihm die österreichische Botschaft in Berlin die Reisekosten vorfinanzieren. Am 10. Juli 1953 kam die Familie mit dem Zug in Wien an; Unterkunft fand sie zunächst bei seinem Vater in Wien-Leopoldstadt.[32]

---

28 Pointner, 6 Jahre, 8.
29 Personnel at Branch No 1 of NII 88 at Grorodomlya Island, 1.6.1953, 7, URL: https://www.cia.gov/readingroom/docs/CIA-RDP80-00810A001700780008-0.pdf (abgerufen 16.8.2023).
30 Pointner, Einige Details, 2.
31 GD für die öffentliche Sicherheit, Gz. 24340-ZA/1961, Josef Pointner an BMI, 31.5.1961. ÖStA, AdR, BMI.
32 GD für die öffentliche Sicherheit, Gz. 24340-ZA/1961. ÖStA, AdR, BMI.

Raumfahrtpublizist und Arbeitsschutzexperte

Pointners Antrag auf Zuerkennung einer Unterstützung lehnte das Landesinvalidenamt für Wien, Niederösterreich und das Burgenland zunächst ab, da es
sich bei seinem Aufenthalt in der UdSSR um ein reguläres Dienstverhältnis ge-
handelt hätte.[33] Erst Anfang der 1960er-Jahre erkannte das Amt seine Erkran-
kung als Kriegsleiden und seinen Aufenthalt als Kriegsgefangenschaft an, wo-
durch ihm eine Schwerbeschädigtenrente zustand.[34]

Von 1955 bis zu seiner Pensionierung 1985 war Pointner als Ingenieur und
Pressereferent bei der „Allgemeinen Unfallversicherungsanstalt" beschäftigt und
gründete 1958 die bis heute noch existierende Zeitschrift *Alle! Achtung!*.[35] Er trat
auch als Sachbuchautor über die Raumfahrt hervor: Sein Hauptwerk *Das 1x1 der
Weltraumfahrt* erschien 1966, *Das Weltraum-Dilemma* 1971. Nach seiner Pensionierung setzte er seinen Publikationstätigkeit fort: 1989 erschien *Unfallver-
hütung und Sicherheit in Österreich* und 1990 *Mit dem Raumgleiter ins 21. Jahrhundert*. Sein 1995 verfasstes Werk *Im Schattenreich der Gefahren. Wie Natur-
gewalten und Zivilisationskatastrophen uns zunehmend bedrohen* brachte ihm
einen vielbeachteten Auftritt in der damals populären ORF-Fernsehtalkshow
Phettbergs Nette Leit Show ein.[36] In den 2000er-Jahren veröffentlichte er humo-
ristische Gedichte, die er während seiner Sanatoriumsaufenthalte in der UdSSR
zu schreiben begonnen hatte. Er nahm auch einige Male an Treffen der Angehörigen der deutschen Spezialisten, die ab den 1990er-Jahren organisiert wurden,
teil. Über seine Erlebnisse als Raketentechniker in der UdSSR publizierte er nicht,
fertigte aber private Aufzeichnungen an. Er starb 2018 in Wien.

2.   Anton Närr, Ingenieur für den Bau von Testständen

Anton Närr (15. 7. 1899–17. 1. 1973) wurde als Sohn des Lithografen Anton Närr
(21. 4. 1873–2. 12. 1948) und der Hausfrau Maria (geb. Wesely, 26. 5. 1881) in Wien
geboren. Außer, dass er im Ersten Weltkrieg als Infanterist des Landsturm-
Infanterieregiments 104 verwundet wurde,[37] ist auch über seinen beruflichen
Werdegang in der Ersten Republik nichts bekannt. In zweiter Ehe war er seit
3. Jänner 1940 mit Maria Böhm (geb. Rath) verheiratet. 1942 war er als „techni-

---

33 GD für die öffentliche Sicherheit, Gz. 24340-ZA/1961, Landesinvalidenamt an Josef Pointner,
    13. 10. 1954. ÖStA, AdR, BMI.
34 GD für die öffentliche Sicherheit, Gz. 24340-ZA/1961, Josef Pointner an BMI, 31. 5. 1961. ÖStA,
    AdR, BMI.
35 Alle! Achtung!, URL: https://www.alle-achtung.at/home (abgerufen 14. 8. 2023).
36 Phettbergs Nette Leit Show, 16. 12. 1995, URL: https://www.youtube.com/watch?v=2E-FdHN
    9B8I (abgerufen 18. 7. 2023).
37 Verlustliste 4. 12. 1918, URL: http://www.anno.at (abgerufen 8. 6. 2023).

scher Beamter" in der Dianagasse 7 in Wien gemeldet.[38] Kurz danach dürfte er als Betriebsingenieur bei „Nordhausen, Deckadresse Halle an der Saale 2 Schließ-fach 1523, Betrieb 3" dienstverpflichtet worden sein, wie es in einer Vermiss-tensuchmeldung in einer Wiener Tageszeitung hieß.[39] Da seine Wiener Ver-wandten nach dem Krieg kein Lebenszeichen von ihm erhielten, gingen sie davon aus, dass er den Krieg nicht überlebt hatte. Mit Beschluss des Landesgericht Wien wurde Närr mit 31. Dezember 1950 für tot erklärt.[40] Zu diesem Zeitpunkt hielt er sich aber als Angehöriger der deutschen Spezialisten-Gruppe in der UdSSR auf. Er war Assistent von Dipl.-Ing. Heinz Jaffke und für den Bau von Versuchs-ständen und Testlabors der Raketentriebwerke im Werk NII-88 zuständig. In Jaffkes Baugruppe waren 17 Mitarbeiter beschäftigt.[41] Sie unterstützten ihre so-wjetischen Kollegen beim Bau der Erprobungsanlage für die A4/V2 Triebwerke in der Filiale Nr. 2 des NII-88 in Zagorsk.[42]

Später errichtete die Gruppe einen Überschallwindkanal auf der Insel Goro-domlia. Der Bauaufwand dafür war so groß, dass er erst 1952/53 fertiggestellt wurde.[43]Außerdem lieferte sie Pläne für eine unterirdische Fabrik zum Bau, Montage und Abschuss der R14-Rakete, die für eine Reichweite von 3000 km projektiert war.[44]

Anton Närr lebte mit seiner zweiten Frau Hildegard Närr (1910–1997) sowie der Tochter Hanni Scholz (geb. 1929) in Gorodomlia.[45] Werner Albring (1914–2007) schildert in seinem Buch eine Episode aus der Zeit, als die Spezialisten bereits in der „Abkühlphase" waren und nichts mehr mit Raketen zu tun hatten:

> „Als ich einmal am Reißbrett des Ingenieurs Närr vorbeiging, da zeigte er mir ganz glücklich seine jetzige Aufgabe, nämlich den Ofen für eine Großküche zu konstruieren. Er schlug mit der Hand auf das Zeichenbrett: ‚Sehn's', sagte er mit seiner österreichi-schen Aussprache, ‚des is an Arbeit, Arbeit, die Spaß macht.'"[46]

---

38 Adolph Lehmann's allgemeiner Wohnungs-Anzeiger nebst Handels- und Gewerbe-Adress-buch für d. k.k. Reichshaupt- u. Residenzstadt Wien und Umgebung, Wien 1942.

39 Vermisstenmeldung Närr, Welt am Abend, 22. 9. 1948, 2.

40 Zitat aus dem Beschluss LG Wien, GZ 48T 274/56–11 bzw. LG Wien G.Z. 48T 274/56-19 in: Geburtsbuch der Pfarre Othmar unter den Weihgerbern, 1899, URL: https://data.matricula -online.eu/de/oesterreich/wien/03-st-othmarunterdenweigerbern/01-12/?pg=82 (abgerufen 8. 6. 2023).

41 Mick, Forschen für Stalin, 140; Uhl, Stalins V2, 137.

42 Uhl, Stalins V2, 150.

43 Albring, Gorodomlia, 97, 139 f, 142.

44 Anatoly Zak, Rokets: R-3 family, URL: https://www.russianspaceweb.com/r3.html (abgerufen 13. 8. 2023).

45 Sammlung Hoch (Sl Hoch), Powerpoint Vortrag Spezialisten und Familien auf Gorodomlia 1946–1953, Familienblatt Närr.

46 Albring, Gorodomlia, 224. Kurt Magnus schildert den Fall eines österreichischen Ingenieurs und ehemaligen Offiziers, der von den Sowjets 1947 wochenlang im Lubjanka-Gefängnis des NKWD unter Androhung, als Kriegsverbrecher verurteilt zu werden, so lange verhört wurde,

Toni Nerr, mein einziger wirklicher
Landsmann hier und ein ganz
waschechter Weaner. Wenn ich seine Stimme nur von Weitem hör,
seh ich den Steff'l und Erdberger
Gasserln, hör ich Schrammeln und
die Wiener Straßenbahn und riech
ich die laue Luft vom Kobenzl
und den seligen Duft vom Grin-
zinger Heurigen. - Und alles nur,
weil der Toni „schtraswuize" gsagt
hät.

Annelore hat sich
fein gemacht.

Abb. 3: Anton Närr mit einem unbekannten Mädchen und einer Charakterisierung von Josef Pointner (Quelle: Privatarchiv Ernest Pointner)

Närr kehrte vermutlich mit den anderen Spezialisten 1952/53 nach Deutschland zurück und ließ sich zunächst in Darmstadt nieder. Erst Anfang der 1960er-Jahre kam er wieder mit österreichischen Behörden oder mit seinen Verwandten in Kontakt, denn seine Todeserklärung wurde am 4. Juni 1962 wieder aufgehoben. Über seinen weiteren beruflichen Werdegang ist nichts bekannt. Von Ende 1956 bis zu seinem Tod am 17. Jänner 1973 lebte er in Bad König in Hessen.[47]

---

bis er sich bereit erklärte, für den NKWD regelmäßig Informationen über Fluchtpläne, die Stimmungslage und politische Diskussionen unter den Spezialisten zu liefern. Magnus bezeichnet ihn mit dem Pseudonym „Ing. Töpfer"; möglicherweise handelt es sich dabei um Närr. Vgl. Magnus, Raketensklaven, 278–289.

47 Für die Mitteilung danke ich Alexander Körner vom Heimat- und Geschichtsverein Bad König, 26.6.2023; Geburtsbuch der Pfarre Othmar unter den Weihgerbern, 1899, URL: https://data.matricula-online.eu/de/oesterreich/wien/03-st-othmarunterdenweigerbern/01-12/?pg=82 (abgerufen 8.6.2023).

3.   Johannes Hoch, Experte für Raketensteuerung in Peenemünde und
      Hauptkonstrukteur in Moskau

Johannes Hoch (28.10.1913–15.7.1955) wurde als Sohn des Technikers Anton
Hoch in Brünn geboren. Als Elektrotechniker arbeitete der in Krems geborene
Vater auch in Braunau am Inn und in Linz, wo Johannes die Realschule besuchte
und anschließend an der Oberrealschule in Krems maturierte. 1931 inskribierte
er an der Universität Wien Mathematik und Physik, um Mittelschullehrer zu
werden.[48] Johannes Hoch war schon ab 1930 Mitglied der Hitlerjugend und
während des Studiums in einer schlagenden Burschenschaft aktiv. Im April 1932
trat er, wie schon sein Vater zuvor, der NSDAP und der SA bei. Sein Studium
musste er im Herbst 1933 wegen der Arbeitslosigkeit seines Vaters abbrechen
und hielt sich danach mit Nachhilfestunden über Wasser. Wegen Teilnahme an
NS-Demonstrationen in Wien und Propaganda-Aktionen in Krems saß er insgesamt siebeneinhalb Monate in Haft.[49] Als er im Herbst 1935 wieder inskri-
bieren wollte, wurde er nicht mehr zugelassen, „da er kein Leumundszeugnis
beibringen konnte."[50] Im Frühjahr 1936 flog die gesamte illegale Organisation
der SA in Krems auf, daher entschloss sich Hoch, mit Hilfe der illegalen Partei am
10. Mai 1936 nach Deutschland zu fliehen, wo er in ein Lager der „Österreichischen Legion" kam.

Studium in Göttingen und Mitarbeit in der Heeres-Versuchsanstalt Peenemünde

In Göttingen setzte er sein unterbrochenes Studium fort und legte 1939 die
Lehramtsprüfung als Gymnasialprofessor für Mathematik und Physik ab. Er
begann als Hilfsassistent bei Prof. Max Schuler (1882–1972) zu arbeiten und
promovierte 1942 mit einer Arbeit über „Das sphärische Pendel bei linearer
Reibung"[51]. Im Februar 1942 zur Mitarbeit an der Raketenentwicklung in der
Heeres-Versuchsanstalt Peenemünde abkommandiert, arbeitete er die meiste
Zeit von seinem Büro an der Universität Göttingen aus.[52] Wegen dieser wehr-
wichtigen Forschungsarbeit war er „unabkömmlich" für den Wehrdienst. Kurt
Magnus (1912–2003), sein Kollege an der Uni Göttingen, erinnerte sich, dass
Hoch bald als Experte auf dem Gebiet der Regeltechnik und Stabilitätstheorie galt

---

48 Johann Hoch, Das sphärische Pendel bei linearer Reibung, Diss. Göttingen 1942, Lebenslauf;
    eine Kurzbiografie findet sich auch in: Uhl, Stalins V-2, 280.
49 Gauakten, Zl. 345.314, Johann Hoch, Lebenslauf Hoch, 18.5.1936. ÖStA, AdR, BMI.
50 Ebd.
51 Hoch, Das sphärische Pendel.
52 Gerhard Rammer, Die Nazifizierung und Entnazifizierung der Physik an der Universität
    Göttingen, Diss. Göttingen 2004, 514f., URL: https://ediss.uni-goettingen.de/handle/11858/
    00-1735-0000-0006-B49F-4 (abgerufen 17.5.2023).

und an einem Gerät arbeitete, „eine Art speziellen Rechenmaschine, mit der man Aufstiegsbahnen einer Rakete unter den verschiedenen Bedingungen durchrechnen und simulieren kann".[53] Gegen Kriegsende existierte sein Gerät, abgesehen von einigen Vorversuchen, noch nicht. Hoch schlug sich im Mai 1945 mit seiner Familie zunächst nach Krems durch. Da es aber für ihn in Österreich keine Berufsaussichten gab, kehrte er noch im Herbst nach Göttingen zurück, um Arbeit zu suchen.

Mitarbeit im „Büro Gröttrup" 1946

Im Winter 1945/46 nahm er wieder Kontakt zu den Arbeitskollegen aus Peenemünde auf. Wernher von Braun (1912–1977) hielt sich mit seiner Gruppe in der amerikanischen Zone in Witzenhausen/Hessen auf. Helmut Gröttrup, der sich mit von Braun überworfen hatte, ließ sich dagegen von den Russen anwerben und richtete im Winter 1945 im wenige Kilometer entfernten Bleicherode sein eigenes Konstruktionsbüro ein, das für die Russen die A4/V2 rekonstruieren sollte. Hoch, der auch Wernher von Braun besuchte, fand das Angebot, als Fachmann für Fernlenkung im „Büro Gröttrup" in Bleicherode mitzuarbeiten, verlockender, da er sich in der Ostzone nicht von seiner Familie trennen musste, gut bezahlt wurde und eine geräumige Wohnung zu Verfügung gestellt bekam.[54] Er überzeugte auch seinen Göttinger Kollegen Kurt Magnus, für Gröttrup zu arbeiten.[55] Und auch Werner Albring folgte den beiden: „Zwischen uns gab es eine Absprache, nach Möglichkeit auch nach dem Kriege zusammenzubleiben. [...] Sie machten mir 1946 den Vorschlag, in der SBZ eine gemeinsame wissenschaftliche Arbeit aufzunehmen."[56] In der bunt zusammengewürfelten Arbeitsgruppe war Hoch neben Gröttrup der Einzige, der mit dem Aggregat A4/V2 in Berührung kam.[57] Er übernahm das „Labor ‚Mischgeräte'" und beschäftigte sich mit der „allgemeinen Theorie der Stabilisierung und Steuerung". Der sowjetische Leiter des von den Russen genannten „Institut Raketenbau und Entwicklung (Rabe)" Wasilij Pawlowitsch Mischin (1917–2001) erinnert sich wie folgt: „Wir suchten deutsche Spezialisten, die in Grenzbereichen der Raketentechnik arbeiteten, weil die Raketenspezialisten aus Penemünde in die amerikanische Zone abgewandert waren. Von dem am Institut „Rabe" arbeitenden Spezialisten er-

---

53 Magnus, Raketensklaven, 25. In seinen Erinnerungen änderte Magnus – bis auf wenige Schlüsselfiguren – die Personennamen (Vgl. ebd., 12). Für Johannes Hoch benützt er den Namen Dr. John. Das bestätigte auch Werner Hoch in einem Gespräch mit dem Autor am 11. Mai 2023.
54 Mick, Forschen für Stalin, 53.
55 Magnus, Raketensklaven, 20f, 24.
56 Albring, Gorodomlia, 14, 38.
57 Magnus, Raketensklaven, 25f.

innere ich mich an Dr. Albring (Aerodynamik), an Dr. Hoch (Kreiselgeräte) und Dr. Wolf (Ballistik)."[58]

Kasputin Jar und der Erstflug der A4/V2 in der UdSSR

Hoch war einer der wichtigsten Mitarbeiter und später auch Konkurrent von Gröttrup. In Moskau teilten sich die beiden Familien zunächst ein Haus mit Park.[59] Hoch leitete im Werk NII-88 in Podlipki/Moskau die Gruppe für Steuerung, der mit 42 Personen die meisten deutschen Spezialisten zugeteilt waren.[60] Seine Gruppe musste aber bereits im Mai 1947 – fast ein Jahr vor den restlichen Spezialisten – auf die Insel Gorodomlia verlegt werden.[61] Kurt Magnus blieb auch in der UdSSR sein wissenschaftlicher Mitarbeiter. „Dieses Paar, Magnus und Hoch hat uns in der Folgezeit große Hilfe geleistet", urteilte der spätere Leiter des russischen Raketenprogramms Boris Jewsejewitsch Tschertok (1912–2011) in seinen Erinnerungen.[62]

Im Oktober/November 1947 fand auf dem Versuchsgelände Kasputin Jar am Südlauf der Wolga an der Grenze zu Kasachstan eine Testserie mit den erbeuten A4/V2 Raketen statt.[63] Ab 18. Oktober 1947 gelang es den Sowjets erstmals, zwei Raketen zu starten, allerdings wichen sie sehr weit vom Kurs ab. Gröttrup, der mit einer zwölfköpfigen deutschen Spezialistengruppe vor Ort war, konnte den Fehler nicht finden und ließ am 21. Oktober Kurt Magnus und Johannes Hoch einfliegen.[64] Nach Albrings Schilderung erkannte Hoch die Ursache des Fehlers und es gelang ihm innerhalb einer Nacht, das Steuerungsgerät umzubauen.[65] Der folgende Flug am 29. Oktober war ein voller Erfolg. Nach diesem Start entstand ein Gruppenfoto, auf dessen Rückseite sich Widmungen für Hoch befanden: „Hoch lebe unser Steuermann und seine Kondensatoren", schrieb Ferdinand Stolpe. Und Fritz Viebach ergänzte: „Mögen ihnen noch recht viele Erfolge beschieden sein. Zum Andenken an die Steppe."[66] Alle anwesenden deutschen Spezialisten bekamen hohe Erfolgsprämien ausbezahlt – allein für Magnus und

---

58 Wasilij Pawlowitsch Mischin, Sowjetische Mondprojekte, Klitzschen 1999, 14.
59 Ebd., 60.
60 Mick, Forschen für Stalin, 140f.
61 Magnus, Raketensklaven, 84f.
62 Tschertok, Raketen und Menschen, 144, 243.
63 Siehe dazu auch Uhl, Stalins V-2, 151f.
64 Mick, Forschen für Stalin, 142.
65 Albring, Gorodomlia, 143; Tschertok, Raketen und Menschen, 216f, 222. Karl Magnus hingegen, der mit Hoch vor Ort war, behauptet, dass es ihm zusammen mit Hoch gelang, die Ursache des Fehlers zu finden. Auch Matthias Uhl folgt der Darstellung von Magnus. Vgl. Magnus, Raketensklaven, 84f; Uhl, Stalins V-2, 153f.
66 Sl. Hoch, Rückseite Gruppen Foto Kasputin Yar, 1947. Auf der Vorderseite sind von links nach rechts: Karl Stahl, Johannes Hoch, Helmut Gröttrup, Fritz Viebach und Hans Vilter abgebildet.

Hoch gab es jeweils 15.000 Rubel, mehr als das Doppelte ihres Monatsgehalts.[67] „Hoch kehrte mit einem Erfolgserlebnis zurück, das sein Selbstbewusstsein wie das eines römischen Feldherrn nach gewonnener Schlacht hob", bemerkte Albring.[68] Gröttrup und seine Leute gerieten hingegen für kurze Zeit sogar in den Verdacht, durch Sabotage die Fehlschläge der ersten beiden Starts hervorgerufen zu haben.

Abb. 4: Kasputin Yar, Oktober 1947, von li. n. re.: Karl Stahl, Johannes Hoch, Helmut Gröttrup, Fritz Viebach, Hans Vilter (Quelle: Privatarchiv Werner Hoch)

Hochs Aufstieg: das Raketenbahnmodell und der Analogrechner

Hoch genoss das Vertrauen seiner sowjetischen Partner bis hinauf zu Dmitri Fjodorowitsch Ustinow (1908–1984), der als Minister für Bewaffnung Vorgesetzter aller deutschen Spezialisten war. Die Sowjets schätzten seinen Einsatz und Arbeitswillen, da er im Gegensatz zu anderen bereit war, sie vollumfänglich zu unterstützen.[69]

Innerhalb der Gruppe der deutschen Spezialisten kam es daher auch immer häufiger zu Spannungen und gegenseitigen Misstrauen. Arbeitseifer zeigten in

---

67 Magnus, Raketensklaven, 116–138.
68 Albring, Gorodomlia, 143.
69 Mick, Forschen für Stalin, 267.

den ersten Jahren alle Spezialisten, je länger sich aber die Rückkehr verschob, desto weniger waren sie gewillt, mehr als Dienst nach Vorschrift zu machen. Personen, die leistungswillig blieben, galten dagegen immer mehr als Außenseiter.[70] Während Gröttrup einen konfrontativeren Kurs mit den Russen verfolgte und immer wieder mit Streik drohte, um die Rückkehr nach Deutschland zu beschleunigen, setzte Hoch auf Kooperation und Zusammenarbeit.[71]

Magnus berichtet von Gerüchten, dass sich im März 1948 auf der Insel Gorodomlia eine von Hoch angezettelte „Palastrevolution" zugetragen hätte: „Dr. John [Pseudonym für Hoch], nun schon fast ein Jahr auf der Insel, soll massiv gegen Gröttrup und gegen die von diesem eingeschlagenen Arbeitsrichtung gewettert und Intrigen gesponnen haben; und er fand Russen, die solchen Streit nicht ungern sahen. Hatte John etwa den Ehrgeiz, Gröttrup als Leiter des deutschen Kollektivs abzulösen? Wollte er die Gruppe der Deutschen spalten?"[72]

Hoch sah die Chance, seinen Analogrechner und sein Bahnmodell, dessen Konzept er im Krieg in Ansätzen entwickelt hatte, in der UdSSR realisieren zu können und setzte alles daran, dies auch zu tun. Die Russen waren von seinen Ideen besonders angetan.[73] In einem Brief an Ustinow beschwerte er sich aber, dass sein Vorschlag „wegen der Obstruktion seiner Mitarbeiter" nicht auf der Insel Gorodomlia umgesetzt werden konnte. Das deutsche Kollektiv habe ihn „von Anfang an als Fremden behandelt, und zwar deswegen, weil er der persönliche Feind aller Arbeitsscheuen […] sei."[74]

Magnus charakterisierte Hoch wie folgt:

> „Es gab ein ernsthaftes persönliches Problem: Dr. John, den wir in den ersten Jahren der Zusammenarbeit als klugen, kooperativen, beinahe schüchternen Kollegen kennengelernt hatten, schien eine Persönlichkeitsveränderung durchgemacht zu haben – seit er – schon ein Jahr vor dem Haupttransport – auf die Insel gekommen war. Eigenwillig war er schon immer, jetzt aber setzt er sich bewusst von seinen deutschen Kollegen ab. Dabei wirkte er wie ein Mann, der entschlossen war, Brücken hinter sich abzubrechen, um neue Ziele anzupeilen. Eindeutig und konsequent setzte er auf die russische Karte. Mit Deutschen arbeitete John nur noch zusammen, wenn es ihm bei seinen Plänen nützlich sein konnte, andere schnitt er oder fing Streit mit ihnen an. Da John jedoch etwas damals noch Neues, etwas Brauchbares und Interessantes, etwas Vorzeigbares – das Bahnmodell – entwickelt hatte, genoss er das Wohlwollen der Sowjets. Die Russen hörten auf ihn; damit gewann er Einfluss nicht zuletzt durch seine eindeutige Parteinahme. Innerhalb der deutschen Gruppe wirkte John hingegen wie ein Spaltpilz; niemand aus seiner inzwischen sehr groß geworden Mannschaft wagte es, ihm zu wider-

---

70 Ebd., 268.
71 Magnus, Raketensklaven, 132.
72 Ebd., 152f.
73 Mick, Forschen für Stalin, 145; Albring, Gorodomlia, 97.
74 Zit. n. Mick, Forschen für Stalin, 268.

sprechen – die Mitarbeiter waren von ihm abhängig. Beliebt war er nicht, eher gefürchtet, und einige sahen in ihm schon den künftigen Chef."[75]

Als Hoch schließlich Analogrechner und Bahnmodell fertigstellen konnte und eine Prämie von 3500 Rubel erhielt, beschuldigte ihn der deutschen Techniker „P" des geistigen Diebstahls und verlangte die Hälfte der Prämie. Der Großteil des Kollektivs ergriff für „P" Partei.[76] Im Dezember 1948 musste Hoch vor dem wissenschaftlichen Rat in Moskau sein Bahnmodell verteidigen.[77] Der Rat bestand aus führenden sowjetischen Wissenschafter:innen, deren Aufgabe es war die Arbeit der deutschen Spezialisten kritisch zu begleiten und zu bewerten. Als besonderer Kritiker war der in Wien geborenen Mathematiker Felix Frankl (1905–1961) gefürchtet, der bereits Ende der 1920er-Jahre als Kommunist in die UdSSR ausgewandert war und ab 1944 Leiter des Lehrstuhls für Raketenwaffen an der Moskauer Artillerie-Akademie wurde.[78]

Albring erinnert sich daran so:

> „Hier aber konnte unser genial begabter Dr. Hoch sehr sachverständig parieren. Er hatte die Integration der Differentialgleichung mit variablen Koeffizienten, die für die Raketensteuerung angesetzt wird, mit Hilfe eines speziellen elektrischen Analogrechners gemeistert, der er ‚Bahnmodell' nannte. Der Rechner war von ihm entworfen worden und in der Werkstatt von Gorodomlia gebaut worden. Er führte ihn zur Sitzung vor. Das ‚Bahnmodell' bedeutete damals ein ganz revolutionäres Verfahren."[79]

Das Projekt des Analogrechners wurde bewilligt. Hoch baute mit seiner Gruppe insgesamt vier verschiedene Versionen, die später in der Abteilung Lenkung des NII-88 in Moskau eingesetzt wurden.[80]

Johannes Hoch als Nachfolger von Helmut Gröttrup

Im September 1950 eskalierte der Streit innerhalb der Gruppe. Anlass war der russische Wunsch, die Gruppe solle eine Anti-Raketen-Rakete entwickeln. Die Mehrzahl unter Führung Gröttrups waren nicht mehr bereit, einen neuen Auftrag anzunehmen, da dies nur eine weitere Verzögerung der Heimkehr bedeutete.[81] Die Russen akzeptierten aber keinen Widerspruch und setzten ihn im November 1950 kurzerhand als Leiter der Deutschen ab und ernannten Hoch zu

---

75 Magnus, Raketensklaven, 198.
76 Mick, Forschen für Stalin, 268, 283.
77 Albring, Gorodomlia, 125; Tschertok, Raketen und Menschen, 240–242.
78 Irmgard Gröttrup, Die Mächtigen und Besessenen. Im Schatten der Roten Rakete, Stuttgart 1959, 94; Albring, Gorodomlia, 120–123.
79 Albring, Gorodomlia, 126.
80 Uhl, Stalins V-2, 68.
81 Gröttrup, Die Mächtigen und Besessenen, 178.

seinem Nachfolger.[82] Für Albring hatte Hoch Gröttrup „verdrängt".[83] Doch schon bald, so Tschertok, gelangte „der Ruhm über seine Arbeiten [...] über die Grenzen unseres NII und wurde zu Organisationen getragen, in denen Steuerungssysteme für Luftabwehrraketen entwickelt wurden."[84] Hochs Fähigkeiten kannte man sogar in Washington: In einem Bericht bezeichnete die CIA seine „professional ability" als „outstanding", aber, so hielt sie auch fest: „both the Soviets and the Germans sometimes questioned his sanity".[85]

In Moskau wurde Sergej Berija (1924–2000), Sohn des mächtigen Geheimdienstchefs und Vertrauten Stalins Lawrenti Beria (1899–1953) auf Hoch aufmerksam, und zum Bedauern von Tschertok forderte er ihn für seine Arbeitsgruppe an. Irmgard Gröttrup schilderte es so: „Herr X [Johannes Hoch] konnte sich ganze vier Tage seines Postens erfreuen. Er kam mit fünf Anhängern nach Moskau. Nicht als Hauptkonstrukteur, nicht als Abteilungsleiter. Sein Abteilungsleiter ist jetzt ein Russe – in einem deutschen Kollektiv."[86]

Die Gruppe Hoch/Möller und die Entwicklung der Luftabwehrrakete S-25 „Berkut"

Hoch kam nach Kunzewo, in einem kleinen Vorort bei Moskau, dem eigentlichen Machtzentrum der UdSSR. Stalin hatte in diesem Ort eine geheime Datscha, auf der er seit 1934 lebte und wo er 1953 auch starb. Dass Sergej Berija gerade hier eine Gruppe von deutschen und sowjetischen Spezialisten 1950 zusammenzog, um eine Flugabwehrrakete zu entwickeln, zeigt, welchen großen Stellenwert das Projekt hatte. Neben dem Raketenleuten aus Gorodomlia stießen auch Mitglieder des ehemaligen Instituts „Berlin" – vorwiegend ehemalige Mitarbeiter der Firma „Telefunken" – dazu, ebenso eine Gruppe von kriegsgefangenen Technikern, die als nationalsozialistisch belastet galten.[87]

Im Unterschied zu 1946 bekam diese Gruppe nun auf vier Jahre befristete Arbeitsverträge. Hoch war mit 7500 Rubel im Monat der Spitzenverdiener.[88] Im Konstruktionsbüro Nr. 1, später im Werk 1323 des Rüstungsministeriums,[89] bildete er eine Forschungsgruppe, die an einem Feuerleitsystem für die S-25 „Berkut"-Rakete arbeitete. Mit im Team waren auch die beiden Österreicher Josef

---

82 Mick, Forschen für Stalin, 147.

83 Albring, Gorodomlia, 208.

84 Tschertok, Raketen und Menschen, 243.

85 Personnel at Branch No 1 of NII 88 at Grorodomlya Island, 1.6.1953, 7, URL: https://www.cia.go v/readingroom/docs/CIA-RDP80-00810A001700780008-0.pdf (abgerufen 16.8.2023).

86 Gröttrup, Die Mächtigen und Besessenen, 179.

87 Uhl, Stalins V-2, 208–211.

88 Mick, Forschen für Stalin, 148.

89 Ebd., 147.

Eitzenberger[90], der bereits im Krieg an der Steuerung des Marschflugkörpers Fieseler Fi 103 (V1) und bei der A4/V2 mitgearbeitet hatte, und Werner Buschbeck, der ebenfalls von der Berliner „Telefunken"-Gruppe kam.

Mit dem von der Gruppe entwickelten Feuerleitsystem war es möglich, dass eine Fliegerabwehrraketenbatterie mit Lenkraketen gleichzeitig 25 Luftziele bekämpfen konnte. Eine Aufklärungsstation übernahm die Ortung der feindlichen Objekte mittels Radars. Ein Kommandogerät verarbeitete diese Daten und ein Analogrechner entschied hierauf, wann der günstigste Startzeitpunkt der Abwehrraketen war. Während des Fluges verfolgte der Rechner sowohl das Ziel als auch die Flugbahn der Abfangrakete und führte sie mittels Funkkommandos autonom in die Nähe des Ziels. War das Ziel weniger als 75 m entfernt, detonierte die Abfangrakete und die Trümmerwolke brachte das feindliche Objekt zum Absturz. Während die sowjetischen Techniker die Bodenstation zur Erfassung des Ziels „B-200" entwickelten, bauten die Spezialisten unter Hoch das Kommandogerät „A-Z".[91] Als sie 1952 ihr System präsentierten, war es dem von einer russischen Parallelgruppe entworfenen überlegen und gewann den internen Wettbewerb.[92]

Das gesamte System war im Frühjahr 1953 fertig zur Erprobung in Kasputin Jar. In Anwesenheit der Gruppe Hoch gelang am 25. Mai 1953 erstmals der Abschuss eines ferngelenkten Zielflugzeugs. Nachdem das System zur Serienreife gebracht worden war,[93] war es von 1955 bis 1982 im Einsatz und diente dazu, den Großraum Moskau zu schützen. In zwei Ringen um die Stadt waren insgesamt 56 Stellungen verteilt; jede umfasste 60 Startrampen mit Raketen.[94]

Johannes Hochs Tod und die Rückkehr der Familie nach Österreich

Unmittelbar nach dem erfolgreichen Versuchen in Kasputin Jar wurden die deutschen Spezialisten vom Projekt abgezogen und in geistige Quarantäne geschickt. Sie durften das Forschungsinstitut nicht mehr betreten und mussten sich zu Hause mit unbedeutenden Aufträgen beschäftigen, bis ihre Verträge 1955 ausliefen.

Für den enttäuschten Hoch war es zu diesem Zeitpunkt klar, dass er nach Österreich zurückkehren wollte. Seit 1952 überwies er immer wieder Geld an

---

90 Uhl, Stalins V-2, 208.
91 Ebd.
92 Mick, Forschen für Stalin, 148.
93 Zur Entstehung des Projekts aus russischer Sicht siehe N.N., Denkmal „Rakete V-300", Flugabwehrraketensystem S-25 „Berkut", Artikel „217 m", Seriennummer 6222618/6222655, URL: http://c-25.su/ (abgerufen 10.6.2023).
94 Vgl. S-25 Berkut, URL: https://de.wikipedia.org/wiki/S-25_Berkut (abgerufen 10.6.2023).

seinen Bruder in Krems, der damit 1954 ein Haus für die Familie erwarb.[95] Von Moskau aus beantragte Hoch Anfang 1955 die österreichische Staatsbürgerschaft für sich und seine Familie. Am 15. Mai, anlässlich der Unterzeichnung des Staatsvertrags, nähte die Familie aus roten und weißen Stoffen eine österreichische Fahne. Der damals 12-jährige Werner Hoch erinnert sich, wie er diese, allerdings verkehrt als peruanische Fahne, aus dem obersten Fenster des Hauses hängte und auf Anordnung der Russen sofort wieder abnehmen musste.[96]

Anfang Juli 1955 erkrankte Johannes Hoch schwer.[97] Er starb am 15. Juli 1955 an einer übersehenen Blindarmentzündung in einem Krankenhaus in Moskau. Helmut Breuninger erinnerte sich, dass die Russen ihn im Nachruf als „Bürger der Deutschen Demokratischen Republik" bezeichnen wollten: „Ich sagte zu dem russischen Industriemanager, Hoch habe sich immer als Österreicher betrachtet und daher möchte ich ihm raten, diese Stelle abzuändern."[98]

Die Urne mit Hochs Asche wurde nach Österreich geschickt und im Familiengrab auf dem Kremser Friedhof bestattet. Nach dem Begräbnis konnte seine Witwe mit einer List und mit Hilfe ihrer damals 13-jährigen Tochter Gudrun trotz Verbots in die österreichische Botschaft gelangen, um einen Pass zu beantragen, mit dem die Familie am 18. November 1955 mit dem Flugzeug nach Österreich ausreisen konnten.[99] Der gesamte Hausrat folgte Wochen später per Zug. Bis zu ihrem Tod 1968 bekam sie eine Witwenpension, und auch die Kinder unterstützte die UdSSR mit einer Halbwaisenrente bis zum 18. Lebensjahr; sie konnte jeden Monat in der Botschaft in Wien bar behoben werden.[100]

4.   Josef Eitzenberger, der Radarexperte im sowjetischen Raketenprogramm und Spion für Moskau

Josef Eitzenberger (1. 10. 1905–24. 1. 1978) wurde in Wien geboren, wuchs aber in Leobersdorf auf. Er besuchte das Gymnasium in Baden und studierte anschließend an der Technischen Hochschule in Wien Elektrotechnik. Nach eigenen Angaben war er illegaler Nationalsozialist, Mitglied der SS und beteiligte sich 1933 am Bau eines illegalen Senders. Im Frühjahr 1934 war er in einem SS-Sturm in Leobersdorf aktiv. Er arbeitete zunächst im Wiener Betrieb der Firma „Tele-

---

95 Helmut Breuninger, Wie wir 1958 zurück nach Deutschland kamen, Manuskript Ulm 1966, 17 Seiten, 1, URL: http://www.karlist.net/spez/Rueckkehr.htm (abgerufen 31. 5. 2023).
96 Interview mit Werner Hoch, geführt von Christian Klösch, 11. 5. 2023; Breuninger, Wie wir 1958 zurück nach Deutschland kamen, 1.
97 Albring, Gorodomlia, 208.
98 Breuninger, Wie wir 1958 zurück nach Deutschland kamen, 2.
99 Ebd., 3 f.
100 Interview mit Werner Hoch, geführt von Christian Klösch, 11. 5. 2023.

funken", bevor er in die Berliner Zentrale versetzt wurde.[101] Im Juni 1938 heiratete er die in Leobersdorf geborene Marianne Nowak (geb. 16.9.1903).

Während des Krieges befasste sich Eitzenberger bei „Telefunken" mit der Entwicklung einer Radar-Steuerung der V1 und A4/V2 Rakete. Unmittelbar nach Kriegsende war er ab 21. Mai 1945 als Leiter der „Abteilung 7 – Funk- und Messtechnik" für die Sowjets am „Institut Berlin" an der Rekonstruktion der deutschen Flugabwehrraketen beteiligt.[102] Ab 1946 arbeitete Eitzenberger zehn Jahre lang zusammen mit Peter Faulstich (1892–1959) und dem Österreicher Werner Buschbeck sowie 25 weiteren Wissenschaftlern als Teil eines Radarspezialisten-Kollektivs im sowjetischen Raketenforschungszentrum Monino bei Moskau.[103] Dort war das „Hauptinstitut für Steuerungssysteme ballistischer Fernraketen sowie der gesteuerten Fliegerabwehrraketen (NII-885)" in einem ehemaligen Betrieb zur Erzeugung von Feldtelephonen beheimatet.[104] „Die drei Beute-Ingenieure entwickelten ein Fernsehauge, das in den Kopf der Lenkwaffe eingebaut wurde. Die Bodenstation konnte so den Raketenflug genau verfolgen und notwendige Kurskorrekturen vornehmen", wusste das Magazin *Der Spiegel* 1970 zu berichten.[105] Eitzenberger war bei der Entwicklung des Raketenabwehrsystem S-25 „Berkut" einer der wichtigsten Mitarbeiter im Team von Johannes Hoch.[106] In Monino lernte Eitzenberger auch die russische Dolmetscherin Anna Nikolajewna Silberstein kennen und lieben. Die Zeitung *Die Welt* berichtete über die Affäre: „Sie wiederum war von seinem Wiener Charme angetan und soll schnell österreichischen Dialekt gesprochen haben."[107]

Ab Februar 1955 hatte die Gruppe keine Aufträge mehr zu erledigen, und der Mitgliedern wurde mitgeteilt, dass sie erst Ende 1957 nach Hause zurückkehren dürften.[108] Die Unterzeichnung des österreichischen Staatsvertrags im Mai 1955 verbesserte Eitzenbergers Chancen auf eine frühere Rückkehr nicht, und auch Interventionen von Familienangehörigen bei Bundespräsident Theodor Körner führten zu keinem Ergebnis.[109] Die Gruppe wurde im September 1955 nach Suchumi ans Schwarze Meer transferiert, Aufträge gab es keine mehr. Alles drehte sich nun um die Frage, wann und wie die Mitglieder in die DDR, BRD oder nach Österreich zurückkehren könnten. Jene, die sich für die DDR entschieden, wurden bevorzugt behandelt. Als die letzten Spezialisten am 10. Dezember 1956 in die DDR

---

101 Aktenzahl 26022/1967, Eitzenberger, Josef. ÖStA, AdR, BMI.
102 Uhl, Stalins V-2, 95, 267.
103 Eitzenberger, Längst gebrochen, in: Der Spiegel 43/1970, 119.
104 Tschertok, Raketen und Menschen, 379, 381.
105 Eitzenberger, Forschung bei Gustav, in: Der Spiegel 17/1970, 70.
106 Uhl, Stalins V-2, 208.
107 Nils von der Heyde, Die geheimnisvollen Reisen nach Wien, in: Die Welt, 13.4.1968, 5.
108 Aktenzahl 26022/1967, Eitzenberger, Josef, Brief Eitzenberger, 6.7.1955. ÖStA, AdR, BMI.
109 Aktenzahl 26022/1967, Eitzenberger, Josef, Brief Julius Eitzenberger an Bundespräsident Körner, 16.1.1956. ÖStA, AdR, BMI.

zurückkehrten, mussten die Österreicher und die Westdeutschen noch am Schwarzen Meer ausharren.[110] Das Ehepaar Eitzenberger und die sechsköpfige Familie Buschbeck kehrten erst am 4. Februar 1958 nach Österreich zurück.[111]

Abb. 5: Das Ehepaar Eitzenberger bei einem Fest in Tuschino, 1952 (Quelle: Privatarchiv Werner Hoch)

In Wien kontaktierte der CIA-Agent William H. Godel sogleich Eitzenberger; er soll ihn wochenlang verhört und überprüft haben.[112] Schließlich warb er ihn für das 1952 in Frankfurt am Main gegründete „Battelle-Institut" an, dessen Hauptsitz sich in Columbus, Ohio befand und das Auftragsforschung durchführte.[113] 65 Prozent der Forschungsaufträge des Frankfurter Instituts stammten 1967 von deutschen Behörden, der NATO und der NASA. Eitzenberger leitete dort in den 1960er-Jahren ein Team von 120 Mitarbeiter:innen und forschte für das Pentagon an „einem Verschlüsselungssystem für die NATO-Nachrichtenübermittlung auf sogenannten Längstwellen (Funkwellen von einer Länge zwischen zehn und 100 Kilometer) [...], das von Funkspionen nicht geknackt werden kann."[114]

---

110 Breuninger, Wie wir 1958 zurück nach Deutschland kamen, 12.
111 Ebd., 16.
112 Nils von der Heyde, Die geheimnisvollen Reisen nach Wien, in: Die Welt, 13. 4. 1968, 5.
113 Eitzenberger, Forschung bei Gustav, in: Der Spiegel 17/1970, 70.
114 Ebd.

Im November 1967 geriet Eitzenberger unter Spionageverdacht: Der Kauf-
mann Herbert Schröder, der die Familie Eitzenberger öfters in ihrem Frankfurter
Bungalow besucht hatte, berichtete in einem Brief an das NATO-Hauptquartier
in Brüssel von Eitzenbergers Reisen nach Wien und seinen vielfältigen Kontakten
zu Sowjetbürger:innen.[115] Daraufhin beschatteten ihn Agenten des Bundes-
nachrichtendienstes (BND) monatelang bei seinen Wien-Aufenthalten, die jah-
relang nicht aufgefallen waren, da er unter seinen Kollegen als „rührend hei-
matverbundener" Wiener galt.[116] Der BND fotografierte ihn bei Besuchen in der
sowjetischen Botschaft in der Reisnerstrasse und beim Heurigen in Grinzing in
Gesellschaft von KGB-Agent:innen.[117] So habe er insgesamt 63-mal seine Geliebte
Anna Nikolajewna Silberstein getroffen, die, so berichtete der BND, bereits 1958
nach Wien versetzt worden war und als „Briefträgerin" für den KGB fungierte.[118]An sie verriet Eitzenberger Geheimnisse „über Raketensuchköpfe, über eine
im Auftrag der Bundeswehr entwickeltes Funkleitsystem für Panzerabwehrra-
keten, neuartige Bordwaffen für den deutschen Kampfpanzer 70 und über
elektronische Kampfführung", berichtete *Der Spiegel*.[119]

1968 galt die Causa für den BRD-Verfassungsschutz als „gravierendster Fall
eines spionierenden Wissenschaftlers in der Bundesrepublik" nach dem Krieg.[120]
Der BND ging damals davon aus, dass Eitzenberger bereits in der UdSSR zum
Spion ausgebildet worden war, und verhaftete ihn am 23. März 1968.[121] Als die
Kripo mit 16 Polizisten seinen Bungalow durchsuchte, fand sie „einen Regen-
schirm mit einem Hohlraum unter dem abschraubbaren Knauf, eine Minox-
Kleinbildkamera und eine Kleiderbürste mit verstecktem Container."[122]

Eitzenberger bestritt aber jeglichen Geheimnisverrat und rechtfertigte seine
Treffen damit, dass er nur „mit alten Kollegen aus der Sowjet-Union wissenschaftliche Themen ‚auf Fachzeitschriften-Ebene' diskutiert" habe.[123] Als An-
kläger fungierte auch der später von der Terrorgruppe „Rote Armee Fraktion"
ermordete Staatsanwalt Siegfried Buback (1920–1977).[124] Im April 1970 begann in
Wiesbaden der mit Spannung erwartete Prozess mit einem Knalleffekt. Ein Ge-
richtssachverständiger hielt fest: „Der Angeklagte ist nicht mehr in der Lage,
seine Interessen vor Gericht ausreichend zu verteidigen". Auf Grund einer

---

115 Ebd.
116 Nils von der Heyde, Die geheimnisvollen Reisen nach Wien, in: Die Welt, 13. 4. 1968, 5.
117 Eitzenberger, Forschung bei Gustav, in: Der Spiegel 17/1970, 70.
118 Nils von der Heyde, Eitzenberger, in: Die Welt, 16. 4. 1968.
119 Eitzenberger, Forschung bei Gustav, in: Der Spiegel 17/1970, 70.
120 Ebd.
121 Wolfgang Hoffmann, Der unheimliche Kollege, in: Die Zeit, 20. 3. 1970.
122 Eitzenberger, Forschung bei Gustav, in: Der Spiegel 17/1970, 70.
123 Eitzenberger, Längst gebrochen, in: Der Spiegel 43/1970, 119.
124 Michael Buback, „Der General muss weg!" Siegfried Buback, die RAF und der Staat,
      Hamburg 2019, 31 f.

fortgeschrittenen Sklerose der Hirngefäße sei er nicht verhandlungsfähig. Obwohl das Gericht zum Schluss kam, Eitzenberger habe „geheimdienstliche Agententätigkeit" betrieben, kam er auf Grund „dauernder Verhandlungsunfähigkeit" frei und kehrte nach Österreich zurück.[125] Seinen Lebensabend verbrachte er mit seiner Familie in seiner Heimatgemeinde Leobersdorf bei Wien, die nach seinem Tod auch eine Straße nach dem Raketenwissenschaftler benannte.[126]

5.   Werner Buschbeck, der Funksteuerexperte im sowjetischen Raketenprogramm

Werner Buschbeck (6.3.1900–11.6.1974) wurde in Prag geboren. Sein Vater Karl besaß in Aussig eine chemische Fabrik, die er wenige Jahre nach der Geburt seines Sohnes verkaufte. Die Familie übersiedelte nach Salzburg, wo Buschbeck 1919 am Staatsgymnasium maturierte. Im Herbst 1919 inskribierte er an der Technischen Hochschule in München das Fach Elektrotechnik, das er 1923 abschloss.[127] Ab 1. Oktober 1923 begann er im Sender-Laboratorium bei „AEG-Telefunken" in Berlin zu arbeiten und war führend am Bau des ersten wassergekühlten Fernsehsenders der Welt, aber auch bei den „Olympia-Sendern" (1936) und der Entwicklung von fahrbaren Mittelwellen-Rundfunksendern beteiligt.[128] Maßgeblichen Anteil hatte er ferner Ende der 1920er-Jahre am Bau des Senders Bisamberg bei Wien.[129] Ab 1938 hatte er eine Vorstandfunktion bei „Telefunken" in der Großsender-Entwicklung inne und verfasste daneben noch eine Dissertation zu den „Grundlagen der Neutralisation", die 1942 an der Technischen Hochschule München angenommen wurde.[130] Er beschäftigte sich außerdem mit der Konstruktion von Störsendern gegen das Hyperbel-Ortungsverfahren und erhielt dafür 1944 den Fritz-Todt-Preis.[131]

---

125 Eitzenberger, Längst gebrochen, in: Der Spiegel 43/1970, 119.
126 Marktgemeinde Leobersdorf, URL: https://www.leobersdorf.at/Bedeutende_Persoenlichkei ten (abgerufen 30.5.2023).
127 A 74.2023, Personalakt Stud. Buschbeck, Werner. Archiv der TU München.
128 Friedrich P. Profit, Werner Buschbeck – ein Wegbereiter der Großsendertechnik, in: Funkgeschichte, Nr. 92, 1993, 216–218, 216. Für die Übersendung des Artikels danke ich Ingo Pötschke, Präsident der Gesellschaft der Freunde der Geschichte des Funkwesens e.V., URL: www.gfgf.org.
129 Zwei Österreicher im Goldenen Käfig, in: Die Presse, 9.2.1958, 5.
130 A 74.2023, PA. Stud. Buschbeck, Werner. Archiv TU München; Werner Buschbeck, Paul-Gerhard Rotke, Planung und Einrichtung einer Einseitenband-Funkfernsprechverbindung mit Übersee, in: Telefunken-Mitteilungen, Nummer 86, Dezember 1941, 11–22.
131 Friedrich P. Profit, Werner Buschbeck – ein Wegebereiter der Großsendertechnik, in: Funkgeschichte 92 (1993), 216–218, 217.

Abb. 6: Werner Buschbeck (Quelle: Firmenarchiv AEG-Telefunken)

Im Sommer 1945 von der russischen Besatzungsmacht verpflichtet, wurde auch Buschbeck und seine Familie im Oktober 1946 im Zuge der „Spezialisten-Aktion" nach Moskau transferiert.[132] Zunächst kam er nach Monino bei Moskau zur Gruppe der Funkmessspezialisten für die Raketensteuerung[133] und arbeitete mit Josef Eitzenberger auf dem Gebiet der Radarortung von Raketen zusammen.[134] 1950 stieß er zu der von Johannes Hoch geführten Gruppe.[135] Eitzenberger und Buschbeck konstruierten eine Kamera, mit der während des Flugs einer Rakete Live-Bilder empfangen werden konnten. Damit ließ sich diese automatisch oder per Fernlenkung ins Ziel bringen.[136] Vier Jahre arbeitete die Gruppe in Moskau, bis sie „abgeschaltet" und zur geistigen Quarantäne im Sommer 1955 nach Suchumi am Schwarzen Meer gebracht wurde. Die drei älteren Kinder durften in Moskau bleiben und ihre Universitätsstudien fortsetzen.[137] Buschbeck signalisierte der österreichischen Vertretung in Moskau, dass er wieder die österreichische Staatsangehörigkeit annehmen wolle; er hatte 1932 aus beruflichen Gründen die deutsche angenommen. Auch seine Frau und die Kinder waren

---

132 Werner Buschbeck, Erinnerungen zur Telefunken-Geschichte des Rundfunks, in: Technikgeschichte 40/1973, 200–225, 225.
133 Keller, Ost Minus West, 439.
134 Buschbeck, Erinnerungen, 225.
135 Keller, Ost Minus West, 448.
136 Ebd., 449.
137 Aktenzahl 38.332/1958, Buschbeck Werner 6.3.1900 geb., und Familie. ÖStA, AdR, BMI.

Deutsche. Die österreichische Botschaft in Moskau stellte dem Ehepaar und der minderjährigen Tochter im September 1956 österreichische Pässe aus. Die drei großjährigen Kinder wünschten die westdeutsche Staatsangehörigkeit zu bekommen. Die Abreise verzögerte sich aber trotz Interventionen der österreichischen Behörden immer wieder. Anfang Februar 1958 war es dann so weit: Die Buschbecks und das Ehepaar Eitzenberger reisten zunächst nach Moskau, von wo sie über Prag mit dem Zug nach Wien reisten. Am 5. Februar 1958 kamen sie am Wiener Ostbahnhof an, wo sie von einem Vertreter des Innenministeriums und rund 20 Freunden und Verwandten mit Blumen begrüßt wurden.[138]

Im Ministerium machte man sich Gedanken darüber, ob ihnen der Heimkehrerstatus zuerkannt werden könnte. Während die „Würdigkeit" dafür anerkannt wurde, fehlte es aber an der „Bedürftigkeit", da beide für „ihre Arbeitsleistung entsprechend belohnt wurden."[139] Dem entsprechend fiel die Unterstützung aus: Den Heimkehrern überreichte man Zugfahrtkarten für die Weiterfahrt nach Salzburg bzw. Leobersdorf, ihr Gebäck transportierte man mit „einem Kombiwagen des Ministeriums in das Hotel Kärntnerhof" in der Wiener Innenstadt.[140] Nach einer Woche im Hotel reisten die Buschbecks nach Salzburg weiter, wo sie beim Bruder Dr. Ernst Buschbeck aufgenommen wurden. Die beiden Söhne blieben in Wien und setzten ihr in Moskau begonnenes Chemiestudium an der Technischen Hochschule Wien fort.

Ab 1. Mai 1958 begann Werner Buschbeck wieder bei „AEG-Telefunken", diesmal in Ulm, zu arbeiteten und beschäftigte sich erneut mit dem Bau von Großsendeanlagen sowie mit der Entwicklung von Teilchenbeschleunigern am CERN in Genf sowie in Garching und Jülich.[141] In Suchumi hatte er sich privat mit Überlegungen zum Bau von Generatoren für Teilchenbeschleuniger und zur Messtechnik geistig fit gehalten.[142] 1968 pensioniert, verbrachte er seinen Lebensabend in Ulm, wo er im Juni 1974 verstarb.[143]

Schluss

Die in diesem Artikel vorgestellten fünf Ingenieure österreichischer Herkunft im Raketenprogramm der UdSSR mögen nicht die einzigen gewesen sein. Möglicherweise hat es noch weitere gegeben, die bisher unentdeckt blieben. Sicher ist,

---

138 Ebd.
139 Ebd.
140 Aktenzahl 26022/1967, Eitzenberger, Josef, Zl. 326.078-14/58, Information des Abteilungsvorstandes an Sektionsleitung 2, 6.2.1958. ÖStA, AdR, BMI.
141 Profit, Werner Buschbeck, 217.
142 Ebd., 225.
143 Ebd., 218.

dass in anderen wissenschaftlichen Bereichen Österreicher:innen tätig waren und ihr Einfluss auf die sowjetische Wissenschaft und Technik, insbesondere auch auf das Atomprogramm, noch weitgehend unerforscht ist. Das gilt ebenso für die Tätigkeiten von aus Österreich stammenden Wissenschafter:innen in den Forschungsprogrammen westlicher Staaten, aber auch für die Rüstungsprogramme von Ländern wie Argentinien oder Ägypten, die bis Ende der 1960er-Jahre versuchten, vom technischen Know-how von Rüstungsprojekten aus dem Deutschen Reich zu profitieren.[144] All diesen Wissenschafter:innen und Techniker:innen ist gemeinsam, dass ihnen das Nachkriegsösterreich weder an den Universitäten noch in der Industrie adäquate Karrierechancen bieten konnte.

---

144 Siehe auch Thomas Riegler, Agenten, Wissenschaftler und „Todesstrahlen": Zur Rolle österreichischer Akteure in Nassers Rüstungsprogramm (1958–1969), in: Journal for Intelligence, Propaganda and Security Studies 2 (2014), 44–72; Klaus Taschwer, Österreichische Wissenschaft in Zeiten des „Dritten Manns", in: Der Standard, 16. 8. 2023, URL: https://www.derstandard.at/story/3000000181365/oesterreichische-wissenschaft-in-zeiten-des-dritten-manns (abgerufen 28. 12. 2023).

Isolde Vogel

Die „jüdisch-amerikanische Weltverschwörung".
Antisemitische Bilder in der rechtsextremen Zeitschrift *Aula*

Seit Jahrhunderten transportieren Bilder Judenhass. Der moderne, welterklä-
rende Antisemitismus und die nationalsozialistische Propaganda haben bis
heute wirksame Bildtraditionen geschaffen. Doch ebenso wie im verbalen gab es
auch im visuell vermittelten Antisemitismus im Laufe der Zeit Veränderungen.
So wie seit 1945 nicht mehr nur offenkundig *die Juden* für alles Übel der Welt
verantwortlich gemacht werden, sondern stellvertretend von „der Ostküste" oder
„USrael" gesprochen wird, muss auch die Annahme überholt werden, dass Antisemitismus im Bild lediglich als Darstellung des hakennasigen „Stürmer-Juden" und unter Rückgriff auf bekannte Bildtraditionen aufträte. Bilder als visuelle Kommunikation könnten sich ebenso wie verbal geäußerter Antisemitismus in ihrer Ausdrucksweise verändert haben und Antisemitismus im Bild in
angepasster und modernisierter Form vermittelt werden.

Dieser Beitrag widmet sich Kontinuität und Wandel der Ikonologie des Antisemitismus mit Blick auf zeitgenössische Formen sowie der visuellen Ver-
mittlungsweise von implizit antisemitischem Gedankengut. Untersucht wird, wie
sich die zumindest auf der Ebene der medial-öffentlichen Berichterstattung erfolgte Ablehnung von Antisemitismus nach 1945 auf visueller Ebene nieder-
schlägt und wie sich Antisemitismus explizit und implizit bildlich zeigt.
Grundlage dafür ist eine umfassende Bildanalyse der als rechtsextrem[1] einge-
stuften österreichischen Zeitschrift *Aula* (ab März 2002 *Die Aula*).[2] Die monat-
lich erscheinende Zeitschrift existierte von 1952 bis 2018, Abbildungen wurden
jedoch erst in den 1980er-Jahren ein fester Bestandteil. Als eines der wichtigsten
und ältesten Medien des Rechtsextremismus in Österreich war die *Aula* welt-
anschaulich wie auch politisch-organisatorisch ein wichtiges Organ in der
österreichischen Politiklandschaft und hatte eine „Brückenfunktion" zwischen

---

1 Auch wenn die Zeitschrift als rechtsextrem einzustufen ist, wird nicht behauptet, dass alle
  Autor:innen und anderweitig Beteiligte der *Aula* rechtsextrem seien.
2 Die *Aula*-Ausgaben wurden vom Dokumentationsarchiv des österreichischen Widerstandes
  gesammelt und sind dort unter der Signatur 31016 einsehbar.

der Freiheitlichen Partei Österreichs (FPÖ) und dem außerparlamentarischen Rechtsextremismus und Deutschnationalismus inne, wie das Dokumentationsarchiv des österreichischen Widerstandes (DÖW) feststellt.[3] Die Zeitschrift kann somit dem deutschnationalen völkisch-burschenschaftlichen Milieu zugeordnet werden.[4]

Das Desiderat der zeithistorischen Antisemitismusforschung, sich der visuellen Ebene, den antisemitischen Bildtraditionen und ihren möglichen neuen Ausdrucksformen nach 1945 zu widmen, soll in diesem Beitrag aufgegriffen werden. Dabei wird auch der These nachgegangen, dass die Bildlichkeit an sich die Funktion einer „Kommunikationslatenz" (Werner Bergmann/Rainer Erb) erfüllt und Bilder die Möglichkeit bieten, Camouflage-Antisemitismus (Monika Schwarz-Friesel), der absichtsvoll verdeckte, also camoufliert antisemitische Botschaften transportiert, zu äußern. Bildlichkeit kann in diesem Sinn als Mittel dienen, um antisemitische Inhalte, die nicht sagbar sind, visuell zu vermitteln, da der Interpretationsspielraum des Visuellen für die camouflierte Äußerung genutzt wird. In diesem Beitrag wird gezeigt, wie Antisemitismus nach 1945 visuell weiterwirkt und in Bildmotiven sowie Bildnarrativen der *Aula* tradiert und vermittelt wird. Viele antisemitische Bilder der *Aula* thematisieren eine imaginierte „jüdisch-amerikanische Weltverschwörung", in deren Erzählung Antiamerikanismus explizit oder implizit mit Antisemitismus verknüpft wird und auf deren Visualisierungen auch in diesem Beitrag der Fokus liegt. Der Analyse zugrunde liegt die komplette Sichtung der Zeitschriftausgaben ab 1983, als Abbildungen kohärenter Teil der *Aula* wurden. In induktiver Kategorienbildung, nach Codierung der dargestellten Motive und Bildthemen, konnten verschiedene antisemitische Darstellungen und visuelle Erzählungen als relevant für die Analyse ausgewählt werden.[5] Ein negativer Amerikabezug ist auffällig häufig und durchgehend in der *Aula* vorkommendes Bildnarrativ, so fallen von den 450 Bildern des Untersuchungskorpus über 100 in die Kategorie Antiamerikanismus, über 50 spielen (zusätzlich) mit der Vorstellung einer (Welt-)Verschwörung. Israel ist ebenso über 50-mal Thema, Überschneidungen inkludiert. Auch elf Titelbilder der insgesamt 35 analysierten Jahrgänge thematisieren den

---

3 Vgl. Die Aula, DÖW, URL: https://www.doew.at/erkennen/rechtsextremismus/rechtsextreme
   -organisationen/die-aula (abgerufen 9. 3. 2022); Reinhold Gärtner, Die ordentlichen Rechten.
   Die Aula, die Freiheitlichen und der Rechtsextremismus, Wien 1996.
4 Vgl. Brigitte Bailer/Wolfgang Neugebauer, Rechtsextreme Vereine, Parteien, Zeitschriften,
   informelle/illegale Gruppen, in: DÖW (Hg.), Handbuch des österreichischen Rechtsextremismus, 2. Auflage, Himberg 1993, 102–238, 122; Bernhard Weidinger, „Im nationalen Abwehrkampf der Grenzlanddeutschen". Akademische Burschenschaften und Politik in Österreich nach 1945, Köln 2014, 379–381.
5 Über 450 Abbildungen wurden ikonografisch und ikonologisch analysiert: Isolde Vogel, Antisemitismus im Bild. Die Ikonologie der Zeitschrift ‚Aula', MA-Arbeit, Universität Wien 2020.

Mythos der amerikanischen Weltordnung oder andere antiamerikanische Erzählungen.

Antisemitismus als Weltverschwörungsfantasie und die Repräsentation im Bild

Der moderne Antisemitismus als umfassendes Welterklärungsmodell entsteht auf Basis von Mythen, Klischees und Zuschreibungen, deren Wurzeln Jahrhunderte zurückreichen. Die aus der langen Geschichte des christlichen Judenhasses stammenden Assoziationen sind wichtig, um zu verstehen, warum im modernen Antisemitismus *die Juden*[6] für Krisen und Herausforderungen der Moderne verantwortlich gemacht werden. Etwa die Verbindung von Jüdinnen und Juden mit Geld und Handel und der Vorwurf der Wurzellosigkeit begründen die Feindschaft auch in ihrer modernisierten Form ab dem 19. Jahrhundert.[7] Entscheidend für den Wandel vom religiösen zum modernen Antisemitismus sind die gesellschaftlichen und machtpolitischen Veränderungen zu Beginn der Moderne – das Ende der Feudalherrschaft in Europa, die Entstehung von Nationalstaaten und der kapitalistischen Ordnung –, mit denen gravierende soziale und politische Verunsicherungen einhergingen. Antisemitismus bietet eine Möglichkeit, das Weltgeschehen simplifizierend zu erklären: Die Ursachen für komplexe Problemlagen werden in personalisierender Schuldzuweisung und in manichäischem Schwarz-Weiß-Denken auf *den Juden* projiziert.[8]

Dabei gründet sich das Feindbild nun nicht mehr auf vermeintliche oder tatsächliche religiöse und kulturelle Konflikte, sondern wird in die Körper und den vermeintlichen Charakter des „jüdischen Wesens" eingeschrieben. Unterfüttert wird die Ideologie mit pseudowissenschaftlichen rassistischen und sozialdarwinistischen Behauptungen.[9] Mit Moishe Postone kann festgehalten wer-

---

6 Wenn in diesem Beitrag von *den Juden* geschrieben wird, wird die männliche Form aufgrund der Tradition in judenfeindlichen Zuschreibungen an ein als männlich geprägtes Bild von Jüdinnen und Juden verwendet. Durch die Kursivschrift soll auf die Verwendung eines stereotypen Lexems aufmerksam gemacht werden. Weitere Kursivsetzungen erfolgen im Sinne der Kennzeichnung der Wiedergabe antijüdischer und antisemitischer Begriffe und Vorstellungen.

7 Vgl. Moishe Postone, Die Logik des Antisemitismus, in: Merkur. Deutsche Zeitschrift für europäisches Denken 1 (1982), 13–25, 23.

8 Vgl. Samuel Salzborn, Antisemitismus als negative Leitidee der Moderne. Sozialwissenschaftliche Theorien im Vergleich, Frankfurt am Main 2010, 157; auch Lars Rensmann, Kritische Theorie über den Antisemitismus. Studien zu Struktur, Erklärungspotential und Aktualität, Berlin 1998.

9 Vgl. Wolfgang Benz, Antisemitismus. Präsenz und Tradition eines Ressentiments, 3., aktual. Aufl., Berlin 2020, 49.

den: „Für den modernen Antisemitismus ist nicht nur sein säkularer Inhalt charakteristisch, sondern auch sein systemartiger Charakter. Er beansprucht, die Welt zu erklären."[10]

Antisemitische Äußerungen erfahren seit 1945 eine zumindest teilweise gesellschaftliche Tabuisierung, also öffentliche Ablehnung und Sanktionierung. Deshalb ist es wichtig, den verschwörungsideologischen Charakter und die Grundstrukturen der antisemitischen Weltanschauung zu kennen und auch Artikulationen und Darstellungen in den Blick zu nehmen, die sich nicht (offen) gegen Jüdinnen und Juden richten, die jedoch in ihrem Denkmuster, über Anspielungen und in ihrer Funktion als „kultureller Code"[11] die immer gleiche Erzählung hervorbringen.

Die Geschichte antisemitischer Bilder und Bildtraditionen

Einige Bildmotive, die bis heute die antisemitische Ikonografie prägen, haben ihre historischen Wurzeln in der christlichen Judenfeindschaft. Die Visualisierungen greifen teils auf alte Mythen und Darstellungstraditionen zurück, von der „Judensau" bis zu Teufels- und Blutallegorien, und werden unter leichten Abänderungen im modernen Antisemitismus fortgeführt.[12] Zentrale Bezugspunkte sind die antijüdischen Vorwürfe des Gottesmordes, des Ritualmordes und der Hostienschändung sowie der Wurzellosigkeit und des Wuchers. Im modernen Antisemitismus muss die ideologische Ebene der reaktionären, modernefeindlichen und simplifizierenden Weltanschauung bedacht werden, um antisemitische Bildbotschaften erkennen und deuten zu können. In der modern-antisemitischen Bildpolemik spiegeln sich auch verschwörungsideologische Vorstellungen wider. Erst hier entstanden die in die Körper eingeschriebenen Stereotype als physiognomische Diffamierungen.[13] Besonders in politischen Karikaturen[14]

---

10 Postone, Logik des Antisemitismus, 16.
11 Shulamit Volkov, Antisemitism as a Cultural Code. Reflections on the History and Historiography of Antisemitism of Imperial Germany, in: Leo Baeck Institute Year Book XXIII 1978, 25–45.
12 Vgl. Wolfgang Benz, Bilder vom Juden. Studien zum alltäglichen Antisemitismus, München 2001, 21; zu anderen Zoomorphismen, die Jüdinnen und Juden etwa in Verbindung zu Schweinen oder Blutsaugern zeigen, vgl. Jasmin Waibl-Stockner 2009, „Die Juden sind unser Unglück". Antisemitische Verschwörungstheorien und ihre Verankerung in Politik und Gesellschaft, Wien/Berlin 2009, 239.
13 Auch im Kontrast zur zuvor üblichen Kennzeichnung durch bestimmte als jüdisch geltende Attribute, wie zum Beispiel dem „Judenhut". Vgl. Schwarz, Visueller Antisemitismus, 199.
14 An dieser Stelle sei auch auf die Erkenntnis Isabel Enzenbachs verwiesen, die darlegt, dass das Genre der politischen Karikatur, eine der wichtigsten Vermittlungsformen des visuellen Antisemitismus, auch strukturell, durch die überspitzende, provozierende und vor allem vereinfachende Darstellung komplexer Zusammenhänge und aufgrund der Rolle des Be-

wurde ein visueller „jüdischer Typ" mit bestimmter Physiognomie, Gestik und Mimik geschaffen. Zoomorphismen, also entmenschlichende Tiermetaphern, ebenso wie Teufelsdarstellungen bleiben in modern-antisemitischer Visualisierung von Bedeutung: Vergleiche von Jüdinnen und Juden mit bestimmten Tieren und damit verbundenen Eigenschaften vermitteln eine Verbindung zu dem vermeintlichen Wesen *des Juden* als hinterlistig, giftig und übermächtig oder parasitär, krankheitsbringend und unberechenbar.[15] Dabei kommen auch traditionelle Erzählungen zum Vorschein, etwa in der Heuschrecke die biblische Erzählung der Plage, in blutsaugendem Vampir eine Fortsetzung von Ritualmordanschuldigungen oder von Schlangen, die als schlaue und listige Wesen als bildliche Metapher für Weltverschwörungsfantasien dienen und die, wie unten an Beispielen aus der *Aula* noch gezeigt wird, bis in die heutige Zeit wirksam sind.

Der Welterklärungsanspruch und die Komplexitätsreduktion des antisemitischen Weltbildes verlangen letztlich auch die Integration von Widersprüchen und machen ihn selbst anpassungsfähig und in sich inkonsistent. Das zeigt sich auch in Visualisierungen des modernen Antisemitismus: *Der Jude* kann scheinbar völlig gegenteilig dargestellt werden, sowohl als reicher, dicker und protziger Bankier und gieriger Kapitalist als auch als verarmter, magerer und buckliger Hausierer, Künstler und listiger Kommunist – immer jedoch als Bedrohung für das eigene „Volk".[16] Es gibt also nicht *das* Bild *des Juden*, das in der visuellen Vermittlung vorherrscht.

Die Zuspitzung der antisemitischen Ideologie und ihr negativer Höhepunkt in der Shoah spiegelten sich nicht zuletzt in umfassender NS-Bildpropaganda. Die in diesem Kontext entstandenen Bilder und der Bedeutungszuwachs visueller Propaganda prägen bis heute nachhaltig die bildliche Darstellung von und das visuelle „Wissen" über Jüdinnen und Juden. Auch wenn sie keine Neuerfindung

---

trachters, selbst über bildliche Anspielungen und Verweise die Botschaft einer Karikatur zu deuten, und des vermeintlichen Durchschauens vom Weltgeschehen, das Potenzial antisemitischer Erklärungen trägt. Isabel Enzenbach, Antisemitismus in der zeitgenössischen Karikatur. Das Beispiel der Netanjayu/Netta-Zeichnung in der „Süddeutschen Zeitung", Visual History 2018, URL: https://www.visual-history.de/2018/12/17/antisemitismus-in-der-zeitgenoessischen-karikatur/ (abgerufen 7.12.2022).

15 Vgl. Johannes Valentin Schwarz, Antisemitische Karikaturen und Cartoons. Fremdbilder – Selbstbilder, in: Didaktikmappe zur Ausstellung: Antijüdischer Nippes, populäre Judenbilder und aktuelle Verschwörungstheorien, Jüdisches Museum Hohenems 2005, URL: https://www.politik-lernen.at/dl/msLpJKJKoLnNoJqx4KJK/504_karikaturen.pdf (abgerufen 9.3.2022); vgl. Waibl-Stockner 2009, „Die Juden sind unser Unglück", 253.

16 Vgl. Antonia Schmid, Ikonologie der „Volksgemeinschaft". „Deutsche" und das „Jüdische" im Film der Berliner Republik, Berlin 2019, 58; Vgl. Julia Schwarz, Visueller Antisemitismus in den Titelkarikaturen des „Stürmer", in: Wolfgang Benz/Zentrum für Antisemitismusforschung der Technischen Universität Berlin (Hg.), Jahrbuch für Antisemitismusforschung 19, Berlin 2010, 197–216, 200f.

eines „jüdischen Typs"[17] waren, erlangten die Titelkarikaturen des antisemitischen Hetzblattes *Der Stürmer* mit dem sogenannten „Stürmer-Juden" besondere Bekanntheit.[18] Die „jüdische Andersartigkeit" wurde zur Verbildlichung der antisemitischen Ideologie und die Karikaturen im *Stürmer* so einprägsam und populär, dass sie bis heute im Bildgedächtnis verankert sind.

Der als Teil der nationalsozialistischen Ideologie offen und staatlich propagierte Judenhass fand nach dem Ende der NS-Herrschaft in Österreich und Deutschland nach außen hin ein abruptes Ende. Es gibt juristische Einschränkungen wie in Österreich das Verbotsgesetz von 1947, das Wiederbetätigung unter Strafe stellt, und damit eine öffentlich-mediale Ablehnung von offenem Antisemitismus, wobei gerade in Österreich, wo Entlastungswunsch und Opfermythos entsprechend die Schuldabwehr im Vordergrund stand, auch weiterhin explizite Äußerungen zur „Nachgeschichte des NS-Antisemitismus"[19] gehörten.[20]

Es kommt also zu einer unverfänglicheren, indirekteren und nicht mehr offen gegen Jüdinnen und Juden gerichteten Äußerungsweise von Antisemitismus sowie zu neuen Artikulationsthemen: shoahbezogen, mit antiamerikanischem Vorzeichen oder israelbezogen.

Nicht nur bekannte und eindeutige Merkmale wie die rassistisch-antisemitische physiognomische Markierung durch eine Hakennase, sondern auch bildliche Hinweise und visualisierte Chiffren wie Israel- und USA-Flaggen können auf den antisemitischen Gehalt von Bildern hindeuten. Um die Bedeutung solcher Hinweise zu interpretieren, ist die Frage nach der (bildlich vermittelten) antisemitischen Welterklärung wichtig. Begrifflichkeiten ebenso wie bestimmte Darstellungen und Motive können Chiffren für camouflierten Antisemitismus sein. Der antisemitische Gehalt ergibt sich aber nicht aus Begriff oder Motiv allein, sondern lässt sich erst durch analytische Interpretation und Kontexteinbezug prüfen.

---

17 Schwarz, Visueller Antisemitismus, 200.
18 Vgl. Waibl-Stockner, „Die Juden sind unser Unglück", 244.
19 Samuel Salzborn, Globaler Antisemitismus. Eine Spurensuche in den Abgründen der Moderne. 2., überarb. u. erg. Aufl., Weinheim 2020, 65.
20 Vgl. Helga Embacher/Bernadette Edtmaier/Alexandra Preitschopf, Antisemitismus in Europa. Fallbeispiele eines globalen Phänomens im 21. Jahrhundert, Wien 2019, 223; Zum Nachkriegsantisemitismus in Österreich siehe auch Ruth Wodak/Peter Nowak/Johanna Pelikan/Helmut Gruber/Rudolf de Cillia/Richard Mitten, „Wir sind alle unschuldige Täter!" Diskurshistorische Studien zum Nachkriegsantisemitismus, Frankfurt am Main 1990.

Camouflage-Antisemitismus und Rechtsextremismus

Neue Ausdrucksformen und neue Themen des Antisemitismus nach 1945 bedürfen auch ergänzender theoretischer Konzeptionen, die trotz des Wandels der Form die Kontinuitäten der Inhalte und Ideologie erfassen. Denn, wie Lars Rensmann attestiert, werden „essentialistische antisemitische Vorstellungen aktualisiert und mobilisiert, ohne Juden als Juden zu benennen".[21] Dieser besondere „Antisemitismus ohne Juden"[22], der zudem oft selbstverleugnend als „Antisemitismus ohne Antisemiten"[23] auftritt, fügt sich in eine historisch neue Situation des Antisemitismus nach der Shoah. Damit kann an die Untersuchungen von Werner Bergmann und Rainer Erb angeschlossen werden, die in Bezug auf Nachkriegsdeutschland eine „Kommunikationslatenz" feststellten.[24] Eine solche Kommunikationslatenz meint, dass er aus der öffentlichen Kommunikation ausgeschlossen ist, Antisemitismus also nicht mehr grundsätzlich offen gegen Jüdinnen und Juden formuliert werden kann. Doch das antisemitische Gedankengut ist damit nicht aus den Köpfen der Menschen verschwunden, es führte hingegen zur Nutzung subtiler und impliziter Ausdrucksformen von Antisemitismus.

Mit Monika Schwarz-Friesel und Jehuda Reinharz muss dabei betont werden, dass die Kommunikationslatenz keinen unbewussten Antisemitismus darstellen muss, sondern nur die Ebene der Äußerung verschoben ist: nicht mehr öffentlich und über thematische Umwege kommuniziert, das sind die größten Veränderungen des Antisemitismus nach 1945.[25]

Für den Bereich des Rechtsextremismus müssen diese Überlegungen nochmals anders gewichtet werden. Denn Antisemitismus wird auch in der extremen Rechten durchaus chiffriert artikuliert, wie beispielsweise die Bezeichnung „Ostküste"[26] als rechte Erfindung verdeutlicht. Gerade im Rechtsextremismus können in Anspielungen verpackt ausgedrückte antisemitische Muster auch eine

---

21　Lars Rensmann, „Globalisierung" und Antisemitismus in rechtsextremen Parteien, in: Lars Rensmann/Julius Schoeps (Hg.), Feindbild Judentum. Antisemitismus in Europa, Berlin 2008, S. 399–453, 409.

22　Paul Lendvai, Antisemitismus ohne Juden, Wien 1972.

23　Bernd Marin, Antisemitismus ohne Antisemiten. Autoritäre Vorurteile und Feindbilder. Unveränderte Neuauflage früherer Analysen 1974–1979 und Umfragen 1946–1991, Frankfurt am Main 2000.

24　Vgl. Werner Bergmann/Rainer Erb, Kommunikationslatenz, Moral und öffentliche Meinung. Theoretische Überlegungen zum Antisemitismus in der Bundesrepublik Deutschland. Kölner Zeitschrift für Soziologie und Sozialpsychologie 38 (1986), 223–246.

25　Vgl. Monika Schwarz-Friesel/Jehuda Reinharz, Die Sprache der Judenfeindschaft im 21. Jahrhundert, Berlin/Boston 2013, 97.

26　„Ostküste" spielt auf die in New York ansässigen und angeblich jüdisch kontrollierten Bankhäuser und Börsen an. Der Begriff meint das angebliche Zentrum der „jüdischen" Weltbeherrschung.

absichtliche Strategie sein, um der öffentlichen Delegitimierung und straf-
rechtlichen Verfolgung zu entgehen, weniger weil die Intention keine offen antisemitische wäre. In diesem Zusammenhang ist es sinnvoll, von Camouflage-
Antisemitismus zu sprechen, der (absichtlich) verdeckt ausgedrückt wird.[27]

Der verschwörungsideologische Charakter, eine manichäische Welterklärung
sowie die Personifizierung von komplexen Problemen in *den Juden* (ob offen
benannt oder nicht) drücken sich dann nicht nur in einem Ausdruck wie der
angeblichen „Judaisierung" aus, sondern auch in den in der extremen Rechten
parallel dazu genutzten Begrifflichkeiten der „Globalisierung" und „Amerikanisierung".[28] Diese austauschbare Nutzung verweist auf ihren potenziell antisemitischen Charakter, auch wenn inhaltlich angemerkt werden muss: Solche Begriffe werden erst dann zur antisemitischen Chiffre, wenn sie und ihr Kontext
nicht auf die eigentlich benannten komplexen Phänomene verweisen, diese nicht
als soziale oder ökonomische Prozesse verstanden und kritisiert werden, sondern
vielmehr ein verschwörungsmythischer geheimer Plan einer elitären Weltherrschaft angekreidet wird, die in der Verknüpfung zu den Vorwürfen der Wanderschaft, Wurzellosigkeit und Internationalismus ihren antisemitischen Kern
offenbart – auch wenn die „Globalisten" an der amerikanischen „Ostküste" lokalisiert und nicht offen als *die Juden* benannt werden.[29] Auf die Verbindung von
Antiamerikanismus und Antisemitismus und darauf, wie sich diese camouflierten Versionen des gleichen Gedankenguts in Bildern zeigen, wird im Folgenden genauer eingegangen.

Antisemitische Bildpolemik in der *Aula*

Die *Aula* ist im Laufe der Zeit schon mehrfach in den Blick der Forschung
geraten. Untersuchungen des DÖW sowie die Analysen von Christine Schindler
zu NS-Apologetik und von Juliane Wetzel zu antisemitischen Stereotypen in der
Aula belegen, dass Antisemitismus darin von Geschichtsklitterung, Schuldum-
kehr und Holocaustleugnung über antisemitische Stereotype und Anschuldi-

---

27 Vgl. zum Begriff: Monika Schwarz-Friesel, Aktueller Antisemitismus. Konzeptuelle und
   verbale Charakteristika, Bundeszentrale für politische Bildung 2015, URL: https://www.bpb.de
   /themen/antisemitismus/dossier-antisemitismus/211516/aktueller-antisemitismus/ (abgerufen 20. 6. 2022).
28 Vgl. Anton Maegerle, Globalisierung aus der Sicht der extremen Rechten, Braunschweig 2005,
   19; vgl. Salzborn, Globaler Antisemitismus, 81.
29 Vgl. Andreas Peham, Feindbild und Welterklärung. Zur aktuellen Relevanz des Antisemitismus, in: DÖW (Hg.), Forschungen zum Nationalsozialismus und dessen Nachwirkungen in
   Österreich. Festschrift für Brigitte Bailer, Wien 2012, 353–367, 354; Vgl. Lars Rensmann,
   „Globalisierung" und Antisemitismus in rechtsextremen Parteien, in: Lars Rensmann/Julius
   Schoeps (Hg.), Feindbild Judentum. Antisemitismus in Europa, Berlin 2008, 399–453.

gungen bis zu Weltverschwörungsfantasien reicht.[30] Die wohl umfangreichste Arbeit ist Reinhold Gärtners politikwissenschaftliche Untersuchung der *Aula* und ihrer organisatorischen und inhaltlichen Hintergründe von 1996, in der er – allerdings nur am Rande – auch auf Antisemitismus eingeht und dabei einige wenige Karikaturen aus der Zeitschrift nennt.[31] Eine antisemitismuskritische Bildanalyse der *Aula* stand bislang allerdings noch aus.

Methodische Überlegungen

Bei der Untersuchung wurde aufbauend auf der theoretischen Auseinandersetzung mit Antisemitismus ein antisemitismuskritischer Blick auf die Visualisierungen in der *Aula* geworfen. Früh war klar, dass abseits einer motivischen Analyse vor allem die inhaltliche Erzählung des Bildes für die Interpretation und der Frage nach dem antisemitischen Gehalt beachtet werden muss.

Für die antisemitismuskritische Bildanalyse der *Aula* dienten in Anlehnung an das Modell des Kunsthistorikers Erwin Panofsky die Ikonografie und Ikonologie als methodische Orientierung. Panofskys beschreibt den Vorgang in drei Stufen: vor-ikonografische Beschreibung, ikonografische Analyse und ikonologische Interpretation.[32] Die systematische Erfassung, Beschreibung, Kategorisierung und Typisierung der Motive im Zuge der Ikonografie stellt zugleich die Voraussetzung für die ikonologische Interpretation dar.[33] Nur die offene Suche im Material ermöglicht es, dann auch neue Äußerungsformen des Antisemitismus einzubeziehen. Im ersten Schritt also die formale Beschreibung, im zweiten Schritt die ikonografische Analyse, bei der es um das Erkennen der beschriebenen Objekte, Symbole und Motive geht. Dabei ist nicht nur historisches Wissen

---

30 Vgl. DÖW, Die *Aula* 2017: Gegen „Ostküste", „Blutsvermischung" und „parasitäres Großkapital" Aus der Reihe: Rechtsextreme Organisationen. Vereine, Parteien, Zeitschriften, 2017, URL: http://www.doew.at/cms/download/q38k/aula_2017.pdf (abgerufen 9.3.2022); Christine Schindler, NS-Apologetik in der Zeitschrift Die Aula: Verhöhnung der Opfer des Nationalsozialismus, URL: https://www.doew.at/cms/download/1e5vi/aula_cs.pdf (abgerufen 9.3.2022); Juliane Wetzel, Bedient Die Aula antisemitische Stereotype? SOS Mitmensch 2018, URL: https://www2.sosmitmensch.at/dl/kmMqJKJKMmmJqx4kJK/Juliane_Wetzerl_Aula-Gutachten_Antisemitismus_Februar2018_.pdf (abgerufen 9.3.2022).

31 Vgl. Gärtner, Die ordentlichen Rechten.

32 Vgl. Erwin Panofsky, Ikonographie und Ikonologie. Bildinterpretation nach dem Dreistufenmodell, Köln 2006, 37–40; vgl. auch Ina Markova, Praktiken des Zeigens. NS- und Nachkriegszeit im österreichischen Bilderkanon. Eine bildpolitische Mikrostudie zwischen „Opfer- und MittäterInnenthese" 2005, in: Österreichische Zeitschrift für Politikwissenschaft 43/3 (2014), 259–274, 262.

33 Marion G. Müller, Ikonografie und Ikonologie, visuelle Kontextanalyse, visuelles Framing, in: Thomas Petersen/Clemens Schwender (Hg.), Die Entschlüsselung der Bilder, Köln 2018, 28–55, 36.

über Formen des Antisemitismus und antisemitische Mythen notwendig, sondern auch Kenntnisse seiner spezifischen Bildhaftigkeit und verschiedener
Darstellungstraditionen, Chiffren und Schlüsselmotive. Der letzte Schritt ist die
ikonologische Interpretation: Die Bildbedeutung steht im Zentrum, dafür wurden die vorherigen Schritte interpretativ zusammengeführt. Die systematische
Erfassung und Kategorisierung stellt die Voraussetzung für die Interpretation
dar, welche die Bedeutungsdimension und Kontexte miteinbeziehen muss.

Visuell geäußerter Antisemitismus lässt sich so sowohl auf der deskriptiven
ikonografischen Ebene der Motive als auch auf der interpretativen ikonologischen, also narrativ-ideologischen Ebene der Bildbedeutungen erörtern. Für die
Analyse erwies sich die Unterteilung in diese Ebenen als sinnvoll, da so ergeb-
nisoffen sowohl nach neuer Verwendung antisemitischer Bildmotive als auch
nach neuen bildlich vermittelten Narrativen der antisemitischen Denkweise ge-
forscht werden konnte.

Um neuartige antisemitische Visualisierungen erkennen zu können, muss der
Denklogik des antisemitischen Weltbildes gefolgt und die grundlegenden Er-
klärungsmuster des modernen Antisemitismus ebenso wie die Traditionen antisemitischer Visualität im Blick behalten werden.[34] Neben dem historischen
Vergleich ist der inhaltliche Bezug zu den Mustern antisemitischer Welterklärungen zu suchen. Das bekannte Bildrepertoire des Antisemitismus und kritische Antisemitismustheorie dienen dabei als Schablone, als Vorwissen und Ge-
rüst für die Untersuchung des antisemitischen Gehalts der Bilder.

Bildmaterial und Bildgenre in der *Aula*[35]

Abbildungen spielen in der *Aula* erst ab den 1980er-Jahren verstärkt eine Rolle,
wobei Häufigkeit und Art sowie Relevanz in den einzelnen Ausgaben sehr unterschiedlich bleiben.

Das Bildmaterial besteht vorwiegend aus Karikaturen (Zeichnungen, Collagen
und Fotomontagen sowie Cartoons) und Fotografien. Karikaturen vermitteln im
Gegensatz zu Fotografien in sich schon eine Bildbotschaft, die im Medium an-
gelegt ist – und sind außerdem meist mit innerbildlichen textlichen Verweisen
versehen. Die Analyse des visuell vermittelten Antisemitismus in der *Aula* zeigt,
dass die Karikatur das offensichtlichste, da für eine Aufladung mit antisemiti-

---

34 Vgl. Juliane Wetzel, Wie erkennt man Antisemitismus?, Bundeszentrale für politische Bildung, 24. 11. 2006, URL: https://www.bpb.de/politik/extremismus/antisemitismus/37980/anti
   semitismus-erkennen (abgerufen 20. 1. 2023).
35 Zum Zweck der Analyse und ihrer Erläuterungen erscheint es notwendig, hier und im Folgenden auch einige Bildbeispiele aus der *Aula* zu zeigen – trotz der Problematik, die die
   Reproduktion antisemitischer Bilder mit sich bringt.

schem Gehalt prädestinierte Bildgenre darstellt. Das deckt sich mit Forschungserkenntnissen zum „strukturellen Zusammenhang zwischen der Karikatur als überzeichnendem Genre und Antisemitismus".[36] Solche Karikaturen spielen bis in die 1990er-Jahre die Hauptrolle in den *Aula*-Abbildungen. Nach und nach, wenn auch nicht vollständig, lösen Fotografien und karikaturistische Fotomontagen diese ab. Bei der Fotografie spielt der Bildkontext eine besonders wichtige Rolle – der antisemitische Gehalt ist hier weniger aus der reinen formalen und motivischen Gestaltung erkennbar. Die Bildbedeutung muss im Zusammenspiel von Motiv und Kontext analysiert und interpretiert werden, etwa in Bezug auf die Bildunterschrift und damit einhergehende mögliche antisemitische Anspielungen. Deutlich wird dies beispielsweise bei entwürdigenden Personenfotografien oder wenn Personen durch den Untertitel als jüdisch gekennzeichnet werden. Generell sind bildbegleitende Anspielungen, die auf den ersten Blick harmlos wirken, nicht untypisch für die Bebilderung verschwörungsmythischer Texte.[37] Deutlich wird dies in folgenden zwei Beispielen aus der *Aula*.

Abb. 1: Barack Obama und Benjamin Netanyahu im Gespräch. Ohne Urheberverweis, in: Die Aula (2015) 1, 11.

Verdeckte Hinweise finden sich in der Untertitelung einer Fotografie, die den israelischen Präsidenten Benjamin Netanyahu und den ehemaligen US-amerikanischen Präsidenten Barack Obama im Gespräch zeigt (Abb. 1). In der Bildunterschrift werden sie zunächst als „ungut" bezeichnet und damit grundsätzlich negativ eingeordnet. Zusätzlich wird ihnen mittels rhetorischer Frage unterstellt, einen geheimen Plan „auszuhecken" – ein Wort, das List und Hinterhältigkeit

---

36 Enzenbach, Antisemitismus in der zeitgenössischen Karikatur, o. S.
37 Vgl. Tobias Jaecker, Antisemitische Verschwörungstheorien nach dem 11. September: neue Varianten eines alten Deutungsmusters, Münster 2004, 4.

unterstellt – und dafür als „Gesellen" unter einer Decke zu stecken. Hinzu kommt die unübliche Abkürzung des Vornamens Netanyahus zu „Ben", was den Eindruck erwecken kann, er habe eine geheime Identität und verschleiere diese – solche subtilen Hinweise verwendet die *Aula* wiederholt zur Kennzeichnung jüdischer Personen.[38] Fotografie und Untertitelung vermitteln so den Mythos der geheimen Weltherrschaft von USA und Israel, eine antisemitische Bedeutung, die durch die rein ikonografische Analyse der Fotografie nicht erschlossen werden könnte.

Die bisherige Weltmacht-Außenministerin Madeleine Albright soll Nachfolgerin des tschechischen Staatspräsidenten Vaclaw Havel werden. Ob unter ihrem amerikanischen Namen oder ihrem früheren, nämlich Korbel, den sie in ihrer Jugendzeit in Prag führte, ist offen.

Abb. 2: Madeleine Albright als angebliche „Weltmacht-Außenministerin". Ohne Urheberverweis, in: Aula (1999) 11, 22.

Die Bedeutung des Zusammenspiels von Ikonografie und Ikonologie und des Einbezugs des Bildkontexts für die ikonologische Interpretation zeigt sich auch bei der Fotografie von Madeleine Albright (Abb. 2). In der Bilduntertitelung wird die damalige US-Außenministerin Albright nicht als US-amerikanische, sondern als „Weltmacht-Außenministerin" bezeichnet und sogleich über die Namens-

---

38 Dies ist ein typisches Mittel in Beschreibungen von Bildern jüdischer Personen in der *Aula*, die auf diese Weise als „fremd" oder mit „verheimlichter Herkunft" dargestellt werden sollen. In der „Namensspielerei" steckt häufig der Vorwurf, die eigentliche Herkunft absichtlich zu verschleiern. Vgl. Günther Terpotitz, Wizenthal, Krejsky und die Schächtung des Abendlandes. Ein Kaleidoskop „rechter" Medien, in: Heinz P. Wassermann (Hg.), Antisemitismus in Österreich nach 1945. Ergebnisse, Positionen und Perspektiven der Forschung, Innsbruck u. a. 2002, 129–150, 139.

polemik in der Bildunterschrift[39] eine Anspielung auf ihre angeblich verschleierte jüdische Herkunft[40], als vermeintliche Verheimlichung ihrer „wahren Identität", gemacht. Textlich vermittelt werden damit die antisemitischen Vorstellungen der Wurzellosigkeit, Wanderschaft und des Internationalismus. Explizit benannt ist der Vorwurf der Weltmacht der Politikerin – visuell verbunden durch den symbolträchtigen Griff nach dem Globus als Anspielung auf Weltverschwörungsmythen.

Diese Beispiele zeigen nicht nur Bedeutung der Analyse von Kontext und dem Zusammenspiel von Text und Bild, sondern auch des Einsatzes von Fotografien für karikaturistische Zwecke – in der *Aula* besonders dann, wenn jüdische Personen abgebildet sind, die über textliche Hinweise als solche markiert und antisemitisch diffamiert werden. Auch wenn sich der antisemitische Gehalt weniger im bildlichen als im textlichen Teil manifestiert, sind doch Fotografien nicht aus der antisemitismuskritischen Bildanalyse auszuschließen. Sie nehmen in der *Aula* gerade bei der Abbildung jüdischer Personen eine wichtige Rolle für die modernisierte Form eines visuell vermittelten Antisemitismus ein.

Die „jüdisch-amerikanische Weltverschwörung" im Bild

Die Vorstellung einer „jüdisch-amerikanischen Weltverschwörung" zählt meiner Analyse zufolge zu den markantesten Bildpolemiken in der *Aula*. Die im Folgenden besprochenen Beispiele zeigen: In Zusammenhang mit bildlichen oder textlichen Verweisen auf das Judentum wird offener Antisemitismus deutlich. Aber auch die implizite Variante, die über Umwege, mit USA-Bezug oder über Israel ausgedrückt wird und ohne direkte Anfeindung jüdischer Personen auskommt, verwirklicht oftmals die gleiche Bilderzählung.

In der *Aula* bleibt die Häufigkeit antiamerikanischer Darstellungen über den Untersuchungszeitraum relativ konstant, mit leicht merkbarem Anstieg nach dem Zerfall der Sowjetunion. Auch wenn das eine Verschiebung des Feindbildes von der antisemitischen Feindmarkierung des Kommunismus und dessen politisch-örtlicher Verbindung zu Osteuropa und Sowjetunion hin zur „jüdisch-

---

39 Wortlaut der Bildunterschrift Abb. 2: „Die bisherige Weltmacht-Außenministerin Madeleine Albright soll Nachfolgerin des tschechischen Staatspräsidenten Vaclaw (sic!) Havel werden. Ob unter ihrem amerikanischen Namen oder ihrem früheren, nämlich Korbel, den sie in ihrer Jugendzeit in Prag führte, ist offen."

40 Die Geschichte über Albrights jüdische Herkunft ist komplex, sie erfuhr davon selbst erst kurz vor ihrem Amtsantritt als Außenministerin, da ihre säkular lebenden Eltern nie mit ihr darüber oder über die in der Shoah ermordeten Angehörigen sprachen. Vgl. Susanne Mayer, Die Bürde, Die Zeit, 25. 4. 2013, URL: https://www.zeit.de/2013/18/madeleine-albright-winter-in-prag (abgerufen 9. 3. 2022).

amerikanischen Weltverschwörung" andeutet, gibt es keinen längerfristigen Zeitraum in der *Aula*, in dem beide Feindthemen, Antiamerikanismus und Antikommunismus, nicht dargestellt worden wären. Merklich werden ab den 2010er-Jahren auf Israel und die USA bezogene Bilder wiederkehrend zum Thema.

Für die Erzählung der „jüdisch-amerikanischen Weltverschwörung" sind vor allem jene Darstellungen zentral, die Reichtum, Macht und Kontrolle symbolisieren. Außerdem haben auch einige Symbole, vom Dollar-Zeichen über das „allsehende Auge" bis zu Symbolen des Judentums wie Davidstern oder Kippa, eine wichtige Markierungsfunktion, die als Camouflage-antisemitische Hinweise verschwörungsmythisch wirken können. Das Symbol des amerikanischen Dollar, das in vielen Bildern vorkommt, steht einerseits stellvertretend für Reichtums- und Wuchervorwürfe, andererseits als Anspielung auf amerikanischen Einfluss. Die Darstellung von Weltherrschaft und Macht wird häufig auch durch eine Weltkugel bzw. den Globus symbolisiert (wie in Abb. 2 und auch in Abb. 3, 4 und 5). An vielen Stellen findet sich das eigentlich harmlose Motiv in Verbindung zu antiamerikanischen sowie verschwörungsmythischen Bilderzählungen, die dann wiederum teilweise mit offen antisemitischen Erklärungen verknüpft werden.

Über den Globus gestülpter Cowboy-Hut mit Davidstern –
Karikatur aus „Die Zeit", Hamburg

Abb. 3: Auf diesem Cowboyhut prangt laut *Aula* ein Davidstern. Ohne Urheberverweis, in: Die Aula (2002) 4, 7.

Im Jahr 2002 druckt die *Aula* das Bild eines über den Erdball gestülpten Cowboyhutes mit Sheriffstern ab, welches angeblich aus der Wochenzeitung *Die Zeit* stammt (Abb. 3). Ikonologisch wird die Herrschaft der USA (symbolisiert durch den Cowboyhut mit USA-Flagge) über die Welt (symbolisiert durch Erdball) dargestellt. Hier ist das Verhältnis von Text und Bild entscheidend, denn die Untertitelung gibt dem Bild eine deutlich antisemitische Schlagseite: Darin wird der Sheriffstern als „Davidstern" bezeichnet. Der sechseckige Stern auf dem übergroßen Cowboyhut, der als Symbol für die weltumspannende Macht über den Globus gestülpt ist, verliert durch die Untertitelung jeden Interpretationsspielraum und offenbart die antisemitische Absicht, denn es wird deutlich gemacht: Diese amerikanische Übermacht sei jüdisch. Der Bezug zu Amerika wird damit nicht aufgehoben, vielmehr wird Antiamerikanismus und Antisemitismus verknüpft, indem die USA als vermeintlich jüdisch und die Welt als vermeintlich jüdisch-amerikanisch beherrscht dargestellt werden.

Antiamerikanische Bilder weisen in der *Aula* in verschiedener Art einen Bezug zu antisemitischen Inhalten auf. Im Folgenden werden antisemitische Darstellungen mit Amerikabezug daher gegliedert in Bilder, in denen erstens amerikabezogene Bilder mit antisemitischen Darstellungen versehen sind und in denen die USA als antisemitisch markiertes Feindbild dient; in denen zweitens der antisemitische Mythos des „Finanzjudentums" fortgeführt wird und das angeblich „jüdische Finanzkapital" in den USA, etwa in Anspielungen auf die „Ostküste", lokalisiert wird; und drittens in Bildern, die auf dem Vorwurf angeblicher „jüdisch-amerikanischer Bereicherung" durch einen „Schuldkult" und Schuldvorwürfe gegen Österreich und Deutschland nach der Shoah beruhen.

Amerika als antisemitisches Feindbild

Dan Diner nennt den Antiamerikanismus die „Verweltlichung der Judenfeindschaft".[41] Dabei seien die beiden nicht gleichzusetzen, auch wenn es inhaltliche Überschneidungen gebe, wie im „Haftbarmachen Amerikas für die Übel der Welt"[42] oder in modernefeindlichen und antiglobalistischen Anschuldigungen gegen Amerika.[43]

Die Übertragung der für den Antisemitismus typischen manichäischen Weltsicht auf das Feindbild USA hängt auch mit der Geschichte Nachkriegsdeutschlands und -österreichs zusammen, die eine feindliche Einstellung zur ehemaligen Besatzungsmacht und einen allgemeinen Versuch der Abgrenzung vom Befreier und Besatzer begründete.[44] Im Rechtsextremismus ist Antiamerikanismus zusätzlich eine Möglichkeit der Camouflage-antisemitischen Äußerung, wie bereits dargelegt. Darin zeigt sich erneut seine hohe Anpassungsfähigkeit und Flexibilität, die, wie Andreas Peham schreibt, nicht nur in be-

---

41 Dan Diner, Feindbild Amerika. Über die Beständigkeit eines Ressentiments, Berlin 2002, 33.
42 Michael Werz, Amerika als Zerrspiegel der Moderne, in: Claudia Globisch/Agnieszka Pufelska/Volker Weiß (Hg.), Die Dynamik der europäischen Rechten. Geschichte, Kontinuitäten und Wandel, Wiesbaden 2011, 165–174, 171.
43 Vgl. ebd. Das erinnert beispielsweise an Anschuldigungen aus dem 19. Jahrhundert, als *die Juden* mit dem aufkommenden Kapitalismus in eins gesetzt wurden.
44 Vgl. ebd., 171f.

stimmten Chiffren und der Vereinigung widersprüchlicher Elemente, sondern auch im Antiamerikanismus als neuem Äußerungsfeld zutage tritt.[45] Die Rede von „USrael" oder „ZOG" („Zionist Occupied Government"), die über Israelbezug eine deutlich antisemitische Erzählung entfalten, oder von der „New World Order" („NWO") als Wahnvorstellung der Weltkontrolle durch eine in den USA verortete elitäre Gruppe, mitunter wiederum kontrolliert durch Israel,[46] gibt Einblick in die stellvertretende Rolle, die antiamerikanische Äußerungen für Antisemitismus haben können. Statt der Behauptung einer „jüdischen Weltverschwörung" wird einerseits der gleiche Inhalt mit neuen Begriffen bedient, andererseits auch das antisemitische Feindbild auf die USA projiziert. So wie die USA ein neues Feindbild bilden, zeigt sich der Antizionismus als gängige camouflierte Form der antisemitischen Anspielung auch innerhalb des Antiamerikanismus.

Im Folgenden soll nun ausgeführt werden, wie sich antiamerikanische und israelbezogene Visualisierungen in der *Aula* zeigen, welche übergreifenden ikonologische Botschaften und ikonografische Muster vermittelt werden, worin thematisch beim Israel- und USA-Bezug unterschieden wird und welche wiederkehrenden Elemente zu erkennen sind.

„Jüdische Übermacht" des Uncle Sam

Neben dem Globus als Attribut in Erzählungen über die „Weltverschwörung", oft wie in den besprochenen Abbildungen 2 und 3 durch den einen oder anderen Verweis auf *die Juden* verdeutlicht, gibt es noch weitere visuellen Symbole, wie die Figur des Uncle Sam als Chiffre und Personifikation der USA. Die ikonologische Interpretation zeigt, dass die negativ dargestellte Figur Uncle Sam auf die Vorstellung der „jüdisch-amerikanischen Weltverschwörung" verweist – die Figur als Personalisierung der USA ist auch die häufigste visuelle Form der negativen Darstellung der USA bzw. des Antiamerikanismus in der *Aula*, die im Anschluss entweder jüdisch markiert und damit explizit antisemitisch konnotiert wird, oder implizit in der vermittelten Weltsicht antisemitisches Denken transportiert. Die folgenden Beispiele zeigen, wie Bilder mit Darstellung des Uncle Sam zwar graduell unterschiedlich, aber doch stets eine Verknüpfung von Antiamerikanismus und Antisemitismus aufweisen.

Ein Beispiel dafür ist die Zeichnung von einem hakennasigen Uncle Sam auf einer Wolke, die gleich zweimal in der *Aula*, 1991 und 1998, abgedruckt wurde (Abb. 4). Die Figur ist darin mit einer Vielzahl von Attributen versehen: Dollarzeichen, Adler, USA-Flagge und -Zylinder, eine leere Coladose, Heiligenschein

---

45 Vgl. Peham 2012, Feindbild und Welterklärung, 359f.
46 Vgl. Salzborn, Globaler Antisemitismus, 67f.

... und Gott schaute auf sein Werk und sah,
dass es gut war! ... Samuel 19:91   *AULA-Karikatur*

Abb. 4: Uncle Sam dargestellt als gottgleiche Figur. Veldner Kunst Werke/Aula-Karikatur, in:
Aula (1991) 7–8, 39; auch in: Aula (1998) 11, 19.

und das „allsehende Auge", das über ihr schwebt. Der Blick des gottgleich dargestellten Uncle Sam geht hinab von der Wolke zu einem zu explodieren dro-
henden Erdball. In dieser Szenerie, in der die USA über das Weltgeschehen
wachen, es beobachten und kontrollieren, wird durch ein Zitat aus dem Tanach
(der Hebräischen Bibel), dem Buch Samuel, eine Verbindung zum Judentum
hergestellt. Damit wird die gottähnliche Darstellung der alles überblickenden
und für das Chaos der Welt verantwortlich gemachten USA zynisch mit einem
jüdisch zu lesenden Kommentar versehen: „... und Gott schaute auf sein Werk
und sah, dass es gut war! ... Samuel 19:91". Die Erklärung für das Unheil wird
damit nicht nur mit den USA verbunden, die zurückgelehnt dem Elend zusehen.
Die Verknüpfung mit dem Geldsymbol, dem Spruch aus dem Tanach und der
Personifizierung des Bösen in Uncle Sam mit Hakennase und gekrümmter
Haltung birgt antisemitische Ikonologie. Zusätzlich ist das eigentlich christliche,
aber häufig mit dem Judentum und Freimaurern verbundene Symbol des „allsehenden Auges" bzw. „Auge Gottes", das über der Figur schwebt, auch als

Anspielung auf verschwörungsmythisches Denken einzuordnen. Dem Symbol, das sich auch auf der US-amerikanischen Ein-Dollar-Note befindet, wird in Verschwörungserzählungen eine geheime (jüdische) Macht zugeschrieben.[47]

Der Appetit des „Uncle Sam" ist unermeßlich

Abb. 5: Uncle Sam dargestellt als gefräßiges Monster. Ohne Urheberverweis, in: Aula (1998) 10, 23.

Eine weitere Darstellung zeigt Uncle Sam als gieriges und gefräßiges Monster mit Vampirzähnen, das sich die gesamte Welt einverleibt (Abb. 5). Die Karikatur, deren Urheberschaft nicht vermerkt ist und die kein Eigenwerk der *Aula* zu sein scheint, befindet sich noch in weiteren einschlägigen rechtsextremen Veröffentlichungen. So schreibt Rainer Erb zu dem Bild, das mit anderer Untertitelung 2000 in der rechtsextremen Zeitschrift *Deutschland* erschien: „Die Zeichnung warnt den Betrachter vor der Gier nach Weltherrschaft, sie warnt auch den gefräßigen Uncle Sam vor seinem Erstickungstod. Sie bedient sich der klassischen Verschwörungsthese, der zufolge alle Übel der Welt auf einen einzigen Faktor zurückzuführen sind": Amerika.[48] Die Verknüpfung von antiamerikanischen Weltverschwörungsfantasien und antisemitischer Ideologie kann also auch über die zugrundeliegende Erzählung eines Bildes, durch Personalisierung und Ver-

---

47 Vgl. Wolfgang Wippermann, Agenten des Bösen. Verschwörungstheorien von Luther bis heute, Berlin 2007, 143–152, 147.

48 Rainer Erb, Der ewige Jude. Die Bildersprache des Antisemitismus in der extremen Rechten, in: Archiv der Jugendkulturen (Hg.), Reaktionäre Rebellen. Rechtsextreme Musik in Deutschland, Bad Tölz 2001, 131–156, 142.

körperung des Bösen in den USA, erfolgen, die erst in ikonologischer Interpretation offenbart wird. Auf ikonografischer Ebene sind Reichtum oder wie hier die gierige Mimik, Unmenschlichkeit und Übermächtigkeit in antisemitischer Tradition zu verorten. Amerika wird also motivisch wie auch narrativ antisemitisch markiert.

Die beiden Beispiele verdeutlichen die in ihrer Explizität unterschiedlichen Vermittlungsweisen antisemitischer Bildbotschaften mit Amerikabezug. Denn antisemitisch konnotiert sind sowohl das Bild, das durch einen expliziten Hinweis auf *die Juden* über das Bibelzitat in der gottgleichen Darstellung von Uncle Sam (Abb. 4) versehen ist, als auch das Bild des gefräßigen Uncle Sam (Abb. 5), in dem eine antisemitische Botschaft implizit, ohne direkten Angriff gegen Jüdinnen und Juden, erfolgt.

„Jüdische Weltkontrolle" und „USrael"

Auch das Feindbild Israel dient als Chiffre und camouflierter Ausdruck der Verknüpfung von Antiamerikanismus und antisemitischer Weltsicht. In *Aula*-Bildern spielt Israel schon in den späten 1980ern, vermehrt aber ab den 2000ern eine Rolle. Darin zeigt sich durchaus ein zeitlicher Zusammenhang zum Nahostkonflikt, der ab 2000 mit der sogenannten Zweiten Intifada eine neue Eskalationsstufe erreichte. Zugleich weisen die Bilder häufig eine Verbindung zu den USA auf und treten etwa als vermeintliches Verschwörungsbündnis „USrael", als Zusammenführung der Worte USA und Israel, in Erscheinung. Die beiden Nationen dienen als komplexes Feindbild stellvertretend für *die Juden* und werden dafür miteinander gleichgesetzt oder die eine als von der anderen kontrolliert imaginiert. Vermittelt wird die Vorstellung, dass US-amerikanische Politik und Wirtschaft von Israel (zu verstehen als Chiffre für *den Juden*) gesteuert werde und damit israelische (jüdische) Interessen verfolge.

Die Komplexität und die Widersprüchlichkeit der antisemitischen Weltanschauung zeigen sich etwa dann, wenn die USA als gottgleich und alles beherrschend, zugleich aber als Marionette eines unbekannten Strippenziehers – mit Anspielungen auf Israel – dargestellt werden (Abb. 6), oder wenn die Frage nach dem „Wer regiert uns wirklich?" mit dem Symbol des Davidsterns beantwortet wird.[49] Im zugehörigen Textteil wird deutlich, wer gemeint ist: „Österreich wird regiert von Brüssel, Brüssel von Washington und Washington von der israelischen Lobby"[50], beginnt der Artikel mit einem angeblich ironisch gemeinten Satz, der, so im Anschluss, „immer mehr der Realität" entspräche.

---

49 Wie in der besprochenen Fotomontage eines Cowboyhutes über dem Erdball (Abb. 3).
50 o. A., Schatten über USA, in: Die Aula (2002) 4, 7.

Davidstern und Israelflagge spielen auf ikonografischer Ebene eine wichtige Rolle, auch Blut-Allegorien sind in diesem Zusammenhang häufig (Abb. 6).[51] Auffällig ist, dass hier und in weiteren Illustrationen eine Israelflagge bzw. der Davidstern von der *Aula* mit einem Balken als „vorsorgliche Eigenzensur"[52] überdeckt sind. In der vorgeblichen „Zensur" der eigenen antisemitischen Anspielung wird außerdem die Sanktionierung von Antisemitismus kritisiert und ins Lächerliche gezogen. Durch die ironisch eingesetzte Selbstzensur wird zudem der Mythos einer „Meinungsdiktatur" bedient, in dem sich Antisemit:innen als in Notwehr gegen eine imaginierte jüdische Übermacht handelnd begreifen.

Marionetten: In wessen Diensten stehen sie?

Abb. 6: Amerikanische Politiker:innen dargestellt als Marionettenfiguren. David Dees, in: Die Aula (2012) 2, 33.

Während antiamerikanische Erzählungen in Bildern auch allein stehen können, gehen Antizionismus und die negative Thematisierung Israels beinahe immer auch mit der Benennung der USA einher. Die permanente Verknüpfung von Antiamerikanismus und Antisemitismus und die Rolle, die den USA als neuem antisemitischen Feindbild zukommt, wird dabei besonders deutlich.

Die Fotocollage von Hillary Clinton und Donald Trump[53] in Kleidern mit der israelischen Flagge und Davidsternen spiegelt die visuelle Verbindung der beiden

---

51 Beispielsweise David Dees, in: Die Aula (2012) 2, 33; ohne Urheberverweis, in: Die Aula (2015) 4, 51.

52 Auch etwa deesillustration.com, in: Die Aula (2009) 2, 28.

53 Die Tatsache, dass Trump, der politisch eigentlich ebenfalls im rechten Spektrum zu verorten ist, hier auf diffamierende Weise in Verbindung mit Israel gebracht wird, mag zunächst erstaunen – der textliche Kontext klärt auf: Darin findet sich ein Verweis auf die Konversion seiner Tochter zum Judentum, womit Trump eine „trügerische Taktik" (Johann F. Balvany, Trumps trügerische Taktik, in: Die Aula (2016) 4, 50–51, 50) vorgeworfen wird.

Abb. 7: Hillary Clinton und Donald Trump als vermeintliche Handlanger Israels. Ohne Urheberverweis, in: Die Aula (2016) 4, 51.

Staaten besonders deutlich wider (Abb. 7). Das Bild ist eine Montage aus dem Horrorfilm *The Shining*.[54] Die beiden Mädchen in weißen Kleidern treten darin als Geister in Erscheinung, als die ersten Boten des folgenden Schreckens. Hier antisemitisch aufgeladen können sie im Sinne der *Aula*-Bildpolemik als Boten für den bevorstehenden Horror der „Amerikanisierung", „Globalisierung" oder „NWO" gedeutet werden. Mit der Bildunterschrift „Buhlen um jüdische Stimmen in den USA" bedient das Motiv einen weiteren antisemitischen Vorwurf, nämlich dass Jüdinnen und Juden loyaler zu Israel als zu ihrem Herkunftsland stünden.

Dieses Bild ist auch eines der wenigen Stellen, an dem die geschlechtliche Dimension des Antisemitismus deutlich wird. Geschlechtsbezogene Zuschreibungen spielten im Antisemitismus besonders des 19. und beginnenden 20. Jahrhunderts als eine Verbindung judenfeindlicher und frauenfeindlicher Bewegungen eine wichtige Rolle. Daraus resultierte etwa der Vorwurf der Überschreitung der Geschlechtergrenzen, der „Verweiblichung" und Schwäche, der in Zusammenhang mit modernefeindlichen Vorstellungen stand[55] – und hier

---

54 Stanley Kubrick, The Shining, USA/Großbritannien 1980, 143 Min.
55 Vgl. Karin Stögner, Antisemitismus und Sexismus. Historisch-gesellschaftliche Konstellationen, 1. Aufl., Baden-Baden 2014; vgl. Karin Stögner, Zum Verhältnis von Antisemitismus und Geschlecht im Nationalsozialismus, in: Dokumentationsarchiv des österreichischen Widerstandes (Hg.), Jahrbuch 2008, Wien 2008, 70–85.

auch im Bild gegen Trump gerichtet wird, der damit nicht nur als Politiker, sondern auch in seiner Männlichkeit infrage gestellt wird. Die Verbindung von Misogynie und Antisemitismus spielt ansonsten in den Bildern der burschenschaftlich geprägten *Aula* nur indirekt eine Rolle, durch Auslassung weiblicher Personen und Perspektiven, und wird selten als diffamierende Darstellungsstrategie angewandt.

Weitere Stilmittel bei der Thematisierung von Nahost bzw. Israel und den USA sind, dass führende Politiker:innen gemeinsam an einem Strang ziehend abgebildet[56], als „israelhörig" bezeichnet[57] oder durch die Verwendung hebräischer Buchstaben antisemitisch markiert werden.[58] Auch im Zuge des Krieges im Nahen Osten wird Israel nicht nur als „Kindermörder" dargestellt, sondern auch ist von „USraelische[n] Kriegsverbrechen" die Rede.[59] Der Kindermord-Vorwurf tritt in die Fußstapfen von Ritualmordlügen, während die Anspielung auf „USrael" die Kontrolle der Weltpolitik in die Hände *der Israelis, der Zionisten*, also *der Juden* legt. In manchen Abbildungen werden die israelische Flagge oder Israels Staatswappen mit Menora auch schlicht als Symbol des Judentums zur Markierung und Diffamierung von Politiker:innen verwendet.[60]

Manche der USA- sowie israelbezogenen Visualisierungen der *Aula* stehen zwar nicht in der antisemitischen Darstellungstradition, dennoch ist die zugrundeliegende Ikonologie, die Erzählungen und Bildbotschaften, antisemitisch. Die Postulierung einer angeblichen „Meinungsdiktatur" sowie die durchgehende Behauptung, „USrael" sei der vorherrschende Aggressor in der Weltpolitik, finden sich häufig. Somit herrscht die narrative Vermittlung von Antisemitismus im Antiamerikanismus auch durch Bezug auf Israel vor.

---

56 Siehe etwa: ohne Urheberverweis, in: Die Aula (2006) 7–8, 27.
57 Johann F. Balvany, Kein Frieden in Nahost, in: Die Aula (2010) 1, 34.
58 Unter einem ins Hebräische übersetzten Wahlplakat Barack Obamas wird dieser zusätzlich als „Erfüllungshilfen [sic!] der zionistischen Lobby in den USA" bezeichnet, Gerhoch Reisegger, Die Macher von Barack Obama, in: Die Aula (2008) 11, 24–25, 24.
59 In der betreffenden Karikatur, untertitelt mit „USraelische Kriegsverbrechen", ist ein weinendes Kleinkind zu sehen, das mit brennendem Öl aus einem mit einer israelischen Flagge gekennzeichneten Kanister übergossen wird. Die Zeichnung stammt wohl von dem als linken Antizionisten geltenden Carlos Latuff, der für seine Zeichnungen vielfach Kritik und Vorwürfe antisemitischer Darstellung erhielt. Carlos Latuff, USraelische Kriegsverbrechen, in: Die Aula (2009) 3, 30.
60 Siehe etwa: ohne Urheberverweis, in: Die Aula (2010) 1, 27.

„Jüdisch-amerikanische Kriegsstifter"

Im Kontext des Narrativs, dass die USA und Israel die Welt beherrschen würden, finden sich auch einige Bilder, die internationale Konflikte und Kriege thematisieren und darin beide Staaten als vermeintliche Kriegstreiber und Aggressoren darstellen.

Abb. 8: Bildausschnitt: Blutrünstige „Reptiloiden" als angebliche Vertreter der USA, Israels und des Krieges. Ohne Urheberverweis, in: Die Aula (2012) 2, 38.

Abb. 9: Bildausschnitt: USA und NATO als vermeintlich jüdische Organisation. DDees.com, in: Die Aula (2014) 7, 56.

Wiederkehrende Merkmale der Bildbotschaft des „jüdisch-amerikanischen Kriegsstifters" sind Darstellungen von Waffen, Bomben und Kampfflugzeugen in Kombination der Staatsflaggen Israels und der USA (Abb. 8) oder Symbolen wie dem Davidstern (Abb. 9). Die Darstellung als „Reptiloid" (Echsenmensch) ist ein in aktuellen Verschwörungserzählungen verbreiteter Zoomorphismus, der ein giftiges, raffiniertes, blutrünstiges und andersartiges Wesen signalisiert und an bekannte antisemitische Schlangendarstellungen anknüpft.

Die Vielzahl gesellschaftlicher und militärischer Konflikte, die sich in Rückgriff auf antisemitische Ikonologie erklären lässt, beweist die Austauschbarkeit dieser Anlässe für die antisemitische Welterklärung, die *die Juden* kollektiv für Kriege und Kriegsgeist verantwortlich macht und so als „Kriegstreiber" oder Drahtzieher von Kriegen, die Vorteile aus Konflikten zögen und die Nationen in Kriege führten, imaginiert.[61] Die Verbindung zu Blutvorwürfen und antisemitischen Ressentiments angeblicher Hinterlist und Verschwörung wird dabei ebenso bedient wie alte antijüdische Mythen. Das zeigt sich in der *Aula*, etwa in der Bezeichnung der US-Armee als eines „freßwütige[n] Heuschreckenschwarm[s]"[62], die auf traditionelle Motive antijüdischer Legenden und die biblische Erzählung anspielt.

„Jüdisches Finanzkapital" und die „Ostküste"

Viele Bilder mit antisemitischem Gehalt in der *Aula* beziehen sich auf vermeintliche Kritik des Kapitalismus bzw. die ressentimentgeladene Ablehnung des sogenannten Finanzkapitalismus durch personalisierende, manichäische, oft auch verschwörungsmythische, auf *die Juden* bezogene Erklärungsversuche. Dabei werden antisemitische Zuschreibungen wie Gier, List, Reichtum, Intellekt, Hinterhältigkeit, Unproduktivität, Wurzellosigkeit und Künstlichkeit thematisiert und durch diffamierende Darstellungen visuell umgesetzt. Auch die Identifizierung und Personifizierung der „schlechten" Elemente *im Juden* sind Teil dieser regressiven, antisemitischen Kapitalismus-„Kritik". Diese historisch aus dem Wuchervorwurf gewachsene antisemitische Erklärung bedient sich außerdem einer Reihe von Gegenüberstellungen, vor allem des Abstrakten und Konkreten, aber auch von „raffendem" und „schaffendem" Kapital, „unehrlicher" Finanzsphäre und „ehrlicher" Produktionssphäre etc. Auf der Ebene der Bilderzählung spielt auch hier die Metapher des Strippenziehers eine Rolle.

Darüber hinaus gibt es in der *Aula* eine ganze Reihe von Tiermetaphern in Bildern mit antikapitalistischen Themen, etwa ein zähnefletschender Haifisch mit Zylinder, der Jagd auf die „österreichische Wirtschaft" macht,[63] eine Darstellung des „Raubtierkapitalismus" als Riese, der kaum gezähmt werden kann,[64]

---

61 Vgl. Lars Rensmann/Julius Schoeps (Hg.), Feindbild Judentum. Antisemitismus in Europa, Berlin 2008, 26.
62 Die Aula Archiv, in: Die Aula (2005) 1, 20.
63 Aula-Karikatur/VKW, in: Aula (1995) 10–11, 19.
64 Die Aula Archiv/ohne Urheberverweis, in: Die Aula (2010) 6, 25.

oder aber Heuschreckenmetaphern, die in dem Zusammenhang mehrfach vorkommen.[65]

FED-Präsidenten: erst Alan Greenspan,
dann Benjamin Shalom Bernanke

Abb. 10: Die Präsidenten der FED als „Reptiloid". deesillustration.com, in: Die Aula (2013) 12, 4.

Der Blick soll hier noch auf eine für spätere *Aula*-Ausgaben typische antikapi-
talistische Darstellung in einer Fotomontage gelegt werden, die vor allem mit der
Symbolik des Dollarscheins arbeitet. Zu sehen sind die angeblichen *jüdischen
Drahtzieher* der Federal Reserve (FED, US-Notenbank): Am Tisch voll frisch
gedruckter US-Dollarnoten sitzen drei Anzugträger mit blutroten Augen, teils
reptilienartiger Haut, Zigarren rauchend und lachend (Abb. 10). Sowohl die
Symbolik der Dollarnoten in Massen und der dahinter zu erkennenden Druck-
rolle als auch die bereits bekannte Pyramide mit dem „allsehenden Auge" verweisen auf verschwörungsmythische Erzählungen im Bild.[66] Die drei Herren
werden mit unbeschreiblicher Macht imaginiert: Sie kontrollierten das Geld, die
Banken, die USA und damit die ganze (Finanz-)Welt. Die USA-Flagge im Hintergrund erscheint zusammen mit einer Totenkopffahne darunter als Hinweis
auf den Tod, was zusammen mit den blutroten Augen in antisemitischer Ikonografie *die Juden* mit dem Tod in Verbindung bringt. Der textliche Verweis auf
„pyramid scheme", also das bewusste Täuschen zum Zweck, den eigenen
Reichtum zu vermehren, stellt eine weitere antisemitische Konnotation dar. Die
Namen der Bankiers, „Alan Greenspan" und „Benjamin Shalom Bernanke",

---

65 Etwa ohne Urheberverweis, in: Die Aula (2006) 5, 14 und Die Aula Archiv/ohne Urheberverweis, in: Die Aula (2007) 3, 23.
66 Vgl. Wippermann, Agenten, 143–152.

werden extra im Untertitel angeführt, um die antisemitische Markierung als *jüdisch* nicht unentdeckt zu lassen.[67] Verdeutlicht wird die Intention dieser Markierung durch die Tatsache, dass der Vorname des Ökonomen Bernanke eigentlich Ben lautet und sein Mittelname „Shalom" öffentlich sehr selten oder nur abgekürzt angeführt wird. Die Schreibweise in der *Aula* ist also als Namenspolemik und weitere Kennzeichnung seines Jüdischseins zu interpretieren.

In den Visualisierungen des abgelehnten angeblich „jüdischen Finanzkapitals" finden sich also Darstellungen, die auf dem Stereotyp des *geldgierigen Juden* und *Wucherers* fußen, später durch die Symbolik des *jüdischen Bankiers* und *Spekulanten* ersetzt, die häufig mit Symbolen des Reichtums und Geldes und in Verbindung mit bekannter antisemitischer Ikonografie gezeigt werden.

„Jüdisch-amerikanische Bereicherung" und „Schuldkult"

Einige Karikaturen der *Aula* bedienen die Muster der Aufrechnung und der Täter-Opfer-Umkehr, wie sie für den Schuldabwehr-Antisemitismus, den sogenannten sekundären Antisemitismus[68], typisch sind. Der Schuldabwehr-Antisemitismus funktioniert über eine das Geschehen umkehrende Sicht: Nicht Täter:innen und Antisemit:innen, sondern jene, die NS-Verbrechen und Antisemitismus anprangern, werden zu „Tätern" gemacht, ihnen Verleumdung, Rachsucht oder Brunnenvergiftung vorgeworfen. Die eigene Schuld wird abgewiesen und umgekehrt – es erfolgt die Erzählung einer deutsch-österreichischen Opferrolle, der Mythos der kollektiven Unschuld –, im Gegenzug NS-Verbrechen und Verfolgung von Jüdinnen und Juden relativiert. Diese Umkehrung der Schuld ist typisch für antisemitisches Denken.[69]

In Bildern, die einen angeblichen „Schuldkult" gegen Deutsche und Österreicher:innen thematisieren, wird dieser schuldumkehrende Antisemitismus auch gegen Amerika gewandt, verbildlicht durch den hakennasigen Uncle Sam, der dabei die Rolle des schuldhaften Unterdrückers im Gegensatz zum unschuldigen Deutschen oder Österreicher. Mit dem Vorwurf des „Schuldkults" und der angeblichen Bereicherung wird eine Verschwörung imaginiert, deren Anführer als rachsüchtig, gierig und manipulativ charakterisiert werden. Auch das antisemitische Narrativ, nach dem *der Jude* die ganze Welt in Geiselhaft hätte, wird darin bedient.

---

67 deesillustration.com, in: Die Aula (2013) 12, 4, 13.
68 Zum Begriff des sekundären Antisemitismus gibt es Kritik, da die Bezeichnung „sekundär" eine gewisse Reihung implizieren würde. Eine Alternative bietet der Begriff des schuldabwehrenden Antisemitismus. Gegen den Begriff des sekundären Antisemitismus siehe Schwarz-Friesel/Reinharz 2013, Die Sprache der Judenfeindschaft, 96/Fn. 53.
69 Vgl. dazu etwa Salzborn, Globaler Antisemitismus, 72–77.

Eine Darstellung findet sich in mehreren Variationen in einigen Karikaturen: Zu sehen ist eine Szene, in der jemand absichtlich verfälscht porträtiert wird.[70] In jeder Version dieser Karikatur wird aus einem freundlichen Mann, der mal als Österreicher, mal als Deutscher gekennzeichnet ist, im Gemälde eine aggressive, hässliche oder gar gesichtslose Person mit NS-Symboliken. In diesen Karikaturen wird Amerika (als Uncle Sam) die Dämonisierung der Deutschen und Österreicher:innen vorgeworfen – ganz im Gegensatz zu deren dargestelltem unschuldigen Dasein. In der Version aus dem Jahr 1991 kommt außerdem durch die Bildunterschrift noch das Thema der Wiedergutmachungszahlungen vor (Abb. 11). Uncle Sam erpresst „the ugly German" mit dem Gemälde und fordert Hörigkeit für US-amerikanische Kriegsinteressen und Geldzahlungen. Damit wird ikonologisch zusätzlich der Vorwurf der Geldgier bedient.

„Dein Portrait ist fertig, Mister – und wenn du für meinen Krieg am Golf nicht tief in die Tasche greifst, zeig' ich es der ganzen Welt!"

Abb. 11: Uncle Sam porträtiert „The ugly German". Veldner Kunst Werke, in: Aula (1991) 4, 16.

Schuldabwehr und damit Relativierung der Verbrechen stehen im Mittelpunkt dieser Bilder. Der „Mythos einer kollektiven Unschuld der Deutschen"[71] und die Leugnung nationalsozialistischer Verbrechen sind laut Samuel Salzborn zentral im rechten Antisemitismus nach 1945 – und wird hier in der *Aula* mit dem Feindbild Amerika verknüpft.

---

70 Etwa CCCeichenstudio, in: Aula (1988) 7–8, 27; Veldner Kunst Werke, in: Aula (1991) 4, 16; Aula-Karikatur/ Veldner Kunst Werke, in: Aula (1992) 3, 31.

71 Salzborn, Globaler Antisemitismus, 74.

Conclusio

Zusammenfassend lässt sich festhalten: Die zugrundeliegende Erzählung vieler antisemitischer Bilder in der *Aula* ist die imaginierte „jüdisch-amerikanische Weltverschwörung". Entmenschlichende und abwertende Markierungen im Bild, die antisemitische Konnotationen haben, sind dabei ein durchgängiges Element. Doch nicht nur die direkte Abwertung, sondern auch Werte und Vorstellungen über eine bestimmte Wesensart der Dargestellten werden so vermittelt. Die Verbindung der Visualisierung von *Juden* in antisemitischer Tradition mit den USA wird ergänzt durch die gemeinsame Darstellung der USA und Israels auf bildlicher Ebene – als gehörten die beiden Staaten zusammen.

Im Anschluss daran hat die umfassende Analyse der *Aula*-Bilder gezeigt, dass
a) offen antisemitische Darstellungen meist in Verbindung mit Antiamerikanismus vorkommen und
b) das visuelle Material im Gesamtkontext inklusive der Bildunterschriften und der textlichen Anmerkungen auch ohne explizite Verweise auf das Judentum ein antisemitisches Narrativ bedient.

Die übergeordnete narrativ-ideologische Botschaft der antisemitischen Feindmarkierung Amerikas erfolgt also durchaus in expliziter Form durch Kennzeichnung der angegriffenen Personen als jüdisch (durch Namenspolemik, Davidstern oder Israelflagge) oder in bildlichen Anspielungen auf eine mysteriöse oder bösartige Tätigkeit jüdischer Personen (oft in diffamierender Darstellung, auch bei Fotos). An einigen Stellen kann der antisemitische Gehalt somit an Motiven der antisemitischen Bildtradition festgemacht werden: Bekannte Ikonografie findet sich auf verschiedene Weisen, von Entmenschlichungen und Zoomorphismen über den Globus in der Hand als *jüdisch* markierter vermeintlicher Weltkontrolleure.

Die antisemitische Botschaft erfolgt aber auch auf implizite Weise, indem die negativ gekennzeichnete Weltmacht Amerika in eins mit einer „jüdischen Weltverschwörung" gesetzt und entsprechend dargestellt wird. Eine offen antisemitische Markierung im Bild mit Davidstern oder Israelflagge erfolgt nicht in allen Darstellungen – das Narrativ des von Gier getriebenen amerikanischen Monsters, das den Globus verschlingt, kann auch eine antisemitische Botschaft „ohne Juden" tragen. An einigen Stellen bedarf es also erst der ikonologischen Interpretation, des Einbezugs des Kontexts und der Denkstruktur der antisemitischen Welterklärung, um die implizit antisemitische Schlagseite des Bildes zu erkennen. Auch über die Bildpolemik kann somit antisemitischer Inhalt vermittelt werden. Im monströsen Uncle Sam als Personifikation des unverstandenen Weltgeschehens oder in der Darstellung der Echsenmenschen, die die Welt kontrollieren, erfolgt die Feindmarkierung inhaltlich entlang der Struktur der antisemitischen Weltanschauung: in der Beantwortung von Krisen durch simplifizierende Darstellung komplexer Probleme und der Personifizierung allen Übels in einer imaginierten elitären Gruppe. Diese Denkstruktur wird bedient, auch wenn sie nicht bildlich oder textlich offen als jüdisch markiert ist. Die Rolle Amerikas fügt sich dabei in das Sinnbild des Antisemitismus ein: Die abgelehnte Moderne, die vermeintliche Welt- und Finanzmarktkontrolle, Übermacht, Gier und Hinterhältigkeit sowie absolute Böswilligkeit werden bildlich auf Amerika projiziert.

Ob implizit oder explizit: In beiden Fällen wird vermittelt, Amerika sei und agiere *jüdisch* oder hinter Amerika stünde *der Jude*, die Welt sei kontrolliert von einer jüdisch-amerikanischen Verschwörung. Mal tritt *der Jude* im Bild ausdrücklich in Erscheinung, mal wird die Idee über die Darstellung jüdischer Einzelpersonen kommuniziert, wie Madeleine Albright oder der Leiter der FED, mal über Hinweise auf Israel als jüdischen Staat vermittelt – und an manchen Stellen tritt diese Idee als unsichtbarer Drahtzieher, der mächtige Präsidenten wie Marionetten von oben steuere, oder als übermenschliches Monster, das die Welt unter seiner Kontrolle habe, in Erscheinung.

Antisemitische Botschaften werden also auf beiden Ebenen transportiert: explizit in bekannter antisemitischer Bildsprache und implizit über die Vermittlung antisemitischer Welterklärungen. Kommunikationslatenz und Camouflage-Antisemitismus finden sich sowohl auf der motivischen als auch auf der narrativen Ebene. In der antisemitischen Kennzeichnung durch Anspielungen auf das Jüdischsein, von Fotografien mit Namenspolemik über Davidstern bis Israelflagge, zeigt sich die Kommunikationslatenz der bildlich antisemitischen Botschaft.

Festzuhalten bleibt, dass Bilder nicht per se direkter und offener Antisemitismus vermitteln als verbale Kommunikation nach 1945. Somit gibt es auch im Bild einen „Antisemitismus ohne Juden". Wenn tatsächlich jüdische Personen Teil einer Abbildung sind, erfolgt der Angriff subtiler, also camoufliert. Namenspolemiken dienen in der *Aula* häufig als eine neue implizite Form der doppelten Markierung, die vor 1945 durch direkte textliche Hinweise der Darstellung *der Juden* oder zusätzliche Symbole vorgenommen wurden.

Bei bekanntermaßen nichtjüdischen Feindbildern und Personen hingegen werden die altbekannten antisemitischen Motive expliziter angewandt, der Angriff erfolgt mit offeneren Mitteln: Hier dient auch die Bildhaftigkeit selbst, die ja per se interpretationsbedürftig ist, als Umweg. Es erfolgt eine Übertragung bekannter antisemitischer Bildpolemik und Muster auf andere Feindbilder.

Auch gibt es immer wieder neue zeitgenössische Anlässe, die angepasste, modernisierte und neue Motive und Bildthemen hervorbringen und die die antisemitische Erzählung unterschiedlich offen vermitteln. Die Verschiebung weg vom direkten Angriff auf Jüdinnen und Juden hin zu antiamerikanisch-

antisemitischen Bildinhalten ist ebenfalls im Sinne der Kommunikationslatenz
zu deuten. An einigen Stellen wird diese *amerikanische* „Weltverschwörung"
zusätzlich visuell als *jüdisch* markiert. Die Vorstellung der „jüdisch-amerikanischen Weltverschwörung" wird zum zentralen Feindbild in der *Aula*. So wirkt
Antisemitismus auch implizit visuell weiter, wird in Bildmotiven tradiert und in
Bildnarrativen vermittelt.

zeitgeschichte extra

Elisa Heinrich

Equal Rights, equal Punishment? German Feminists discuss the impending Criminalisation of Female Homosexuality before World War I

In the second half of the 19th century, German sexologists created a new concept: the 'female homosexual.' This was one of several categories to delineate between 'normative' and 'deviant' sexual behaviour. While male homosexuality was a widely discussed topic not only in the medical and sexological literature but also by the German public, female homosexuality figured much less prominently in scientific as well as public discourses.

This situation radically changed when the 1909 *Vorentwurf zu einem deutschen Strafgesetz* (Proposal for a new German Criminal Code) identified the 'female homosexual' as a criminal category by suggesting an extension of the existing paragraph 175. Where paragraph 175 had criminalised *"widernatürliche Unzucht"* (unnatural fornication) between men (and between humans and animals), the proposed paragraph 250 would punish female-female sexual relations as well.

The *Vorentwurf* caused considerable controversy upon publication, eliciting legal-medical responses as well as protest from civil society actors. Remarkably few feminist activists joined the public protest even though a comparatively high proportion of activists in the women's movement lived in intimate relationships with each other.

Much early research perceived this restraint as a sign that the women's movement of the period was silent on the issue of female homosexuality, either ignoring or endorsing paragraph 250.[1] This article shows that this interpretation flattens and over-simplifies the complexity of the issue and the diversity of

---

1 See Sabine Hark, "'Welches Interesse hat die Frauenbewegung an der Lösung des homosexuellen Problems?': Zur Sexualpolitik der bürgerlichen Frauenbewegung im Deutschland des Kaiserreichs," *Beiträge zur feministischen Theorie und Praxis* 25/26 (1989): 19–27; Gerburg Treusch-Dieter, "Das Schweigen der Frauenbewegung zur lesbischen Frage," in *Homosexualität. Handbuch der Theorie- und Forschungsgeschichte,* edited by Rüdiger Lautmann (Frankfurt/Main–New York: Campus, 1993), 55–9; Margit Göttert, "Zwischen Betroffenheit, Abscheu und Sympathie. Die alte Frauenbewegung und das 'heikle Thema' Homosexualität," *Ariadne. Forum für Frauen- und Geschlechtergeschichte* 29 (1996): 14–21.

responses among women in the German movement. By examining sources that have not yet been considered in this context, this paper not only provides a better understanding of the different feminist perspectives but also explains how the women's movement as a homosocial space was affected by this development in a particular way.

After a brief overview of the historical development of the offence of "unnatural fornication" on German territory, I show the specific conditions under which female homosexuality was included in the criminal law discourse and thus became the subject of social debate. I then go on to discuss the homosocial space of the women's movement, the relationship models practised within it and the concept of intimacy that I introduce in this context. I then present two sources to show how feminist activists reacted to and negotiated the impending criminalisation of female homosexuality. In my conclusion, I propose an interpretation of the activists' arguments and strategies.

The central sources of this article are primarily legal texts, legal treatises, commission minutes and petitions addressed to those commissions.[2] I supplement these with journals and association documents such as minutes and correspondence from the women's movement as well as biographical material from activists.

"Unnatural fornication" in German criminal law

Female homosexuality was not a criminal offence in the German Criminal Code of 1871. Paragraph 175 exclusively prosecuted so-called "unnatural fornication" between men and between humans and animals, and punished it with imprisonment.[3] However, this focus of the offence of intercourse between men and between humans and animals was by no means self-evident: until well into the 18th century, the offence of "fornication against nature" included various other acts, such as masochistic or sadistic practices between men and women, heterosexual anal intercourse, masturbation or necrophilia.[4] In the *Constitutio Criminalis Carolina* of 1532, the offence of "immoral sexual relations against the order of nature," which was punishable by death, included intercourse with animals, between men *and* between women.[5]

---

2 These sources are held in the Federal Archives in Berlin Lichterfelde in the holdings of the Reich Ministry of Justice (BArch R 3001).

3 "Unnatural fornication committed between persons of the male sex or between humans and animals shall be punished by imprisonment; loss of civil rights of honour may also be imposed." All German quotations have been translated into English by the author.

4 Kurt Hiller, *Das Recht über sich selbst* (Heidelberg: Salomon, 1908), 76–7.

5 Constitutio Criminalis Carolina (CCC), paragraph 116.

From the end of the 18th century, the *Carolina* was successively replaced by penal codes in the individual German territorial states. With these criminal law reforms, sexual moral concepts and criminal law began to disentangle – a process that dates back to the early modern period and that was made possible by the successive separation of legal norms from the ecclesiastical canon.[6] In Prussia, the largest and politically most important German state, the death penalty was no longer imposed for sodomy from 1794 onwards.[7] Only a few years later, the Bavarian Penal Code of 1813 abolished the criminalisation of same-sex acts in Bavaria, fully implementing the separation of law and church morality in line with the standards of the Enlightenment.[8] The Prussian Criminal Code of 1851 explicitly punished only sexual acts between men and between humans and animals.[9] This law later served as a model for the German Criminal Code of 1871. Prussia's paragraph 143 remained largely unaltered, becoming paragraph 175 with the establishment of the German Reich in 1871. The historian Jens Dobler pointed out that homosexual acts between women could still be considered legally indecent, even though female homosexuality was no longer covered by the definition of sodomy.[10] § 184 Strafgesetzbuch (StGB) prohibited indecent writings and images, including depictions of homosexual acts between women.[11] According to Dobler, the closure of venues for lesbian women in Berlin around 1910 were also part of this implicit persecution.[12]

The legal concepts of homosexuality did not develop independently of the emerging field of sexual science in the late 19th century. Some legal experts even argued that (natural) sciences should be the undisputed basis of legislation.[13] As medical and sexual science became increasingly interested in female homosexuality from the 1890s, the question of its criminality was raised again. In 1894,

---

6 Franz X. Eder, *Kultur der Begierde. Eine Geschichte der Sexualität*, 2nd ed. (München: C. H. Beck, 2009), 75.

7 Allgemeines Landrecht für die Preußischen Staaten (ALR), paragraph 1069.

8 Eder, *Kultur der Begierde*, 78.

9 Preußisches Strafgesetzbuch from 1851, paragraph 143. For a detailed overview of the development in the 19th century and until 1945 see Rüdiger Lautmann, "Das Verbrechen der widernatürlichen Unzucht. Seine Grundlegung in der preußischen Gesetzesrevision des 19. Jahrhunderts," *Kritische Justiz* 25 (1992) 3: 294–314; Kai Sommer, *Die Strafbarkeit der Homosexualität von der Kaiserzeit bis zum Nationalsozialismus. Eine Analyse der Straftatbestände im Strafgesetzbuch und in den Reformentwürfen (1871–1945)* (Frankfurt/Main: P. Lang, 1998).

10 Jens Dobler, "Unzucht und Kuppelei," in *Homophobie und Devianz. Weibliche und männliche Homosexualität im Nationalsozialismus*, edited by Insa Eschebach (Berlin: Metropol, 2012), 53–62, 53–7.

11 Ibid., 55–6. See also Jens Dobler, "Die Zensur unzüchtiger Schriften 1871 bis 1933," *Archiv für Polizeigeschichte* 14 (2003) 40: 34–45.

12 Dobler, "Unzucht und Kuppelei," 57.

13 Josef Kohler, "Der deutsche und der österreichische Vorentwurf eines Strafgesetzbuchs," *Goltdammers Archiv* 56 (1909): 285–312, 285.

the physician Norbert Grabowsky stated: "The law is completely inconsistent in that it does not punish the sexual love of women between each other."[14] Sexologists such as Richard von Krafft-Ebing, Albert Eulenburg, and Albert Moll held similar positions. They also considered the sole prosecution of male homosexuality illogical.[15] The different treatment of male and female homosexuality in criminal law was increasingly questioned as parts of the field of sexual science no longer considered the act of penetration to be the central criterion for a homosexual act, but rather focused on the question of arousal and satisfaction.[16] Prior to the reform of criminal law, some legal experts argued for an expansion of § 175.[17] At the same time, various social actors began to campaign against § 175 publicly. The Scientific-Humanitarian Committee (*Wissenschaftlich-humanitäre Komitee*, WhK) was founded in 1897 as the first homosexual organisation in Germany. It was supported by sexual scientists, jurists and politicians when it submitted a petition against paragraph 175 to the German Reichstag in 1898. The Reichstag debated the criminality of homosexual acts between men on several occasions. The discussion also considered whether the state is even authorised to interfere in matters of individual sexual life and thus punish individual morality. For some time, it seemed as though the debates were leading towards a liberalisation of criminal law. However, this development was abruptly interrupted by scandals surrounding the alleged homosexuality of prominent figures. The Eulenburg Affair was the biggest scandal among those in the German Empire. A circle of advisors around Kaiser Wilhelm II was suspected of being homosexual. Additionally, male prostitution in the military was uncovered.[18] The defamation lawsuits that followed in the period between 1906 and 1908 generated wide media coverage and illustrate the polarising effect of (male) homosexuality in the German public at that time. Historian Susanne zur Nieden has demonstrated that a homophobic consensus was established in the German Empire from the beginning of the 20th century. Both left-wing and right-wing groups and parties

---

14 "Ganz inkonsequent ist das Gesetz darin, dass es die sexuelle Liebe der Weiber untereinander gar nicht bestraft." Norbert Grabowsky, *Die verkehrte Geschlechtsempfindung oder die mannmännliche oder weibweibliche Liebe* (Leipzig: Max Spohr, 1894), 38.

15 Richard von Krafft-Ebing, *Der Conträrsexuale vor dem Strafrichter* (Leipzig: Deuticke, 1894); Albert Eulenburg, *Sexuale Neuropathie. Genitale Neurosen und Neuropsychosen der Männer und Frauen* (Leipzig: F. C. W. Vogel, 1895), 151; Albert Moll, *Die konträre Sexualempfindung* (Berlin: Fischer, 1897), 197.

16 Jörg Hutter, *Die gesellschaftliche Kontrolle des homosexuellen Begehrens: medizinische Definitionen und juristische Sanktionen im 19. Jahrhundert* (Frankfurt/Main: Campus, 1992), 127.

17 Friedrich Wachenfeld, *Homosexualität und Strafgesetzbuch* (Leipzig: Theodor Weicher, 1901), 147; August Köhler, *Reformfragen des Strafrechts* (München: C. H. Beck, 1903), 80. See Hutter, *Die gesellschaftliche Kontrolle*, 128–9.

18 Norman Domeier, *The Eulenburg Affair: A Cultural History of Politics in the German Empire* (Rochester, NY: Camden House Inc, 2015).

adhered to the notion that the centres of power in the state were permeated by homosexuality that represented an existential threat.[19] The topic of homosexuality became not only a subject of political confrontation but was also increasingly debated in the context of blackmail, secret societies, intrigue and seduction. In the years that followed, the criminality of homosexuality was not relaxed, as had been proposed around 1900; instead, there were discussions about strengthening the paragraph and extending it to women. In other areas, such as pornography and prostitution, the social consensus shifted towards stricter moral standards.[20]

Responses to paragraph 250

At the beginning of the 20th century, several European countries, including Austria, Switzerland and Sweden, initiated reforms of their criminal law. The *Vorentwurf zu einem Deutschen Strafgesetz* (Proposal for a new German Criminal Code) that was finalised in April 1909 was only the first: it was expected to form the foundation for a final proposal to repeal the 1871 Criminal Code. Beginning in 1902, two commissions of legal experts drew up a proposal which was published in the spring of 1909.[21] Paragraph 175 was repealed and replaced by paragraph 250, which criminalised "unnatural fornication with a person of the same sex". This meant that the law would now extend to women.[22] In its ex-

---

19 Susanne zur Nieden, "Der homosexuelle Staats- und Volksfeind," in *Homophobie*, edited by Eschebach, 23–34, 26.

20 In 1900, following the trial of a Berlin pimp who had been accused and convicted of bodily harm resulting in death, the so-called *Lex Heinze* was enacted, which introduced the crime of pimping and the censorship of pornographic depictions in Germany.

21 Thomas Vormbaum, *Einführung in die moderne Strafrechtsgeschichte*, 4th edition (Berlin–Heidelberg: Springer, 2019), 143; Christian Schäfer, *"Widernatürliche Unzucht" (§§ 175, 175a, 175b, 182 a. F. StGB). Reformdiskussion und Gesetzgebung seit 1945* (Berlin: Berliner Wissenschafts-Verl., 2006), 31. The preliminary draft with justification could be purchased for 6.50 Marks at bookstores and borrowed from larger libraries. An die Mitglieder der Kommission zur Prüfung der Anträge der Rechtskommission und des Antrages Göttingen – Rechtskommission, August 1910, Archiv der deutschen Frauenbewegung (Archive of the German women's movement, AddF), NL-K-16 (DEF), H-492.

22 Vorentwurf zu einem deutschen Strafgesetzbuch, paragraph 250: "I. Die widernatürliche Unzucht mit einer Person gleichen Geschlechts wird mit Gefängnis bestraft. II. Ist die Tat unter Mißbrauch eines durch Amts- oder Dienstgewalt oder in ähnlicher Weise begründeten Abhängigkeitsverhältnisses begangen, so tritt Zuchthaus bis zu fünf Jahren, bei mildernden Umständen Gefängnis nicht unter sechs Monaten ein. III. Dieselbe Strafe trifft denjenigen, der aus dem Betriebe der widernatürlichen Unzucht ein Gewerbe macht. IV. Die Strafe des Absatzes 1 findet auch auf die widernatürliche Unzucht mit Tieren Anwendung." ("I. Unnatural fornication with a person of the same sex is punishable by imprisonment. II. If the offence was committed by abusing a position of authority or dependency, the offender shall

planatory memorandum, the preliminary draft referred to the work of the criminologist Wolfgang Mittermaier,[23] who had a broad conception of the crime of unnatural fornication.[24] He understood it to include masturbation, all forms of "unnatural" act between a man and a woman, homosexual acts between men or women, bestiality and necrophilia.[25] He justified the inclusion of "unnatural fornication" between women in criminal law as follows, using research findings from the fields of sexual science and sexual psychiatry:[26]

> "The fornication between women is considered to be rare [...] because one cannot imagine how it is committed, although the psychiatrists teach us that it is very common and that they know various forms. Therefore, it is inconsistent not to punish women when punishing men, although it is generally acknowledged that this is the most common form of misconduct and the most widespread [...]."[27]

Individuals as well as associations reacted to the publication of the proposal, wrote statements in newspapers or submitted official comments to the proposal directly to the commission.[28] In addition to politicians and intellectuals, medical professionals presented significant opposition.[29] The Leipzig physician Hermann

---

be punished with imprisonment of up to five years, or with a minimum of six months in prison in mitigating circumstances. III. Also punishable is anyone who makes a business out of engaging in unnatural fornication. IV. The penalty from paragraph 1 also applies to engaging in unnatural fornication with animals.")

23 Arthur Kreuzer, "Mittermaier, Wolfgang," *Neue Deutsche Biographie* 17 (1994): 585–6 <https://www.deutsche-biographie.de/pnd117064424.html#ndbcontent> (12 January 2024).

24 BArch R 3001/5871, Bl. 170.

25 Wolfgang Mittermaier, "Verbrechen und Vergehen wider die Sittlichkeit," in *Vergleichende Darstellung des deutschen und ausländischen Strafrechts. Vorarbeiten zur deutschen Strafrechtsreform,* edited by Karl Birkmeyer et. al. (Berlin: O. Liebmann, 1906), Besonderer Teil, Vol. 4, 1–215, 150.

26 Hutter, *Die gesellschaftliche Kontrolle,* 129 resp. 132.

27 "Die Unzucht zwischen Frauen gilt als selten [...] da man sich nicht vorstellen kann, wie sie vorgenommen werde, obwohl die Psychiater uns lehren, daß sie sehr häufig sei und die verschiedensten Formen kenne. Es ist daher prinzipienlos, sie nicht zu strafen, wenn man die zwischen Männern straft, die allerdings nach allgemeiner Erfahrung die häufigste Form, das verbreitetste Laster ist [...]." Ibid., 153.

28 Schäfer, *"Widernatürliche Unzucht,"* 32. See for instance *Gewichtige Stimmen über das Unrecht des § 175 unseres Reichsstrafsetzbuches,* 2nd ed. (Leipzig, 1914). The SPD politician Adolf Thiele wrote two detailed articles in the *Sozialistische Monatshefte* and sent them to the Criminal Law Commission. Adolf Thiele, "Die Homosexualität in der Gesetzgebung," *Sozialistische Monatshefte* (1909) 23: 1486–93; Adolf Thiele, "Kann Homosexualität strafbar sein?," *Sozialistische Monatshefte* (1909) 24: 1560–7. Artikel und Briefumschlag "Herrn Staatssekretär d. Reichsjustizamts," BArch R 3001/5880. Thiele had already supported the petition against § 175, which was initiated by WhK in 1898.

29 Eingaben des WhK, BArch R 3001/5961. See for example Theodor Lochte, "Der deutsche Vorentwurf zu einem Strafgesetzbuch vom Standpunkt des Arztes, Vortrag auf der 82. Versammlung Deutscher Naturforscher und Ärzte in Königsberg vom 18. bis 24. September 1910," *Neurologisches Zentralblatt* 29 (1910): 1223; Fritz Strassmann, *Medizin und Strafrecht* (Berlin: Langenscheidt, 1911); Arthur Müller, "Die sogenannte widernatürliche Unzucht. Ein

Rohleder questioned whether the definition of unnatural fornication in the paragraph, described as "intercourse-like acts" ("*beischlafähnliche Handlungen*"), applied equally to contacts between women and men.[30] Due to female physiognomy it would not be possible to define at what point one could speak of "beischlafähnliche Handlungen". In contrast to male homosexuals, it would not be possible to describe a specific act that defines "female homosexuals" as a criminal category.[31] In their reports and publications, legal experts such as the criminologist Erich Wulffen also argued that women should not be punished. Wulffen highlighted the difficulty in determining the offence in the case of women and argued that female homosexuality would cause little harm to society. Instead, § 250 would lead to denunciations, and blackmail.[32]

In 1911 four law professors published an alternative proposal in which they not only rejected the punishment of female-female sexual relations, but in which they even sought to repeal paragraph 175 in its entirety and decriminalise consensual homosexual acts completely.[33] In November 1911, a larger criminal law commission with 18 members finally addressed the issue. The basis for developing a final draft included not only the preliminary draft but also the above-mentioned alternative proposal, the Swiss preliminary draft of 1908 and the

---

Beitrag zur Kritik des Vorentwurfs zu einem Deutschen Strafgesetzbuch von 1909," *Goltdammers Archiv* 59 (1912): 224–49; Magnus Hirschfeld, "Kritik des § 250 und seiner Motive im Vorentwurf zu einem Deutschen Strafgesetzbuch," *Archiv für Kriminalanthropologie* 37 (1910): 89–119.

30　Hermann Rohleder, "Paragraph 250, der Ersatz des Paragraph 175, in seinen eventuellen Folgen für das weibliche Geschlecht," *Reichs-Medizinal-Anzeiger* 36 (1911) 3: 67–8. See also the commentary to Rohleder's article in F. B. [= Friedrich Bechly], "Was heißt widernatürliche Unzucht beim weiblichen Geschlecht?" *Geschlecht und Gesellschaft* (Berlin–Leipzig–Wien, 1911), 269–76.

31　See also Matysik's analysis of Rohleders text: Tracie Matysik, "Moral Laws and Impossible Laws. The "Female Homosexual" and the Criminal Code," in Tracie Matysik, *Reforming the Moral Subject. Ethics and Sexuality in Central Europe, 1890-1930* (Ithaca/London: Cornell University Press, 2008), 152–72, 159–61.

32　Erich Wulffen, *Der Sexualverbrecher: Ein Handbuch für Juristen, Verwaltungsbeamte und Aerzte. Mit zahlreichen kriminalistischen Originalaufnahmen* (Berlin: Langenscheidt, 1910). See also Birgit Lang, "Erich Wulffen and the Case of the Criminal", in Birgit Lang, Joy Damousi, and Alison Lewis, *A History of the Case Study. Sexology, Psychoanalysis, Literature* (Manchester: Manchester University Press, 2017), 119–55.

33　Alternative proposal from 1911, § 245: "Eine männliche Person, die mit einer minderjährigen Person desselben Geschlechts oder mit einer volljährigen Person desselben Geschlechts unter Ausbeutung ihrer durch Amts- oder Dienstverhältnis oder in ähnlicher Weise begründeten Abhängigkeit oder aus Gewinnsucht widernatürliche Unzucht begeht, wird mit Zuchthaus bis zu fünf Jahren bestraft." ("A person who engages in unnatural fornication with a minor of the same sex or an adult of the same sex, exploiting their dependence established by an official or employment relationship or in a similar manner, or out of greed, shall be punished with imprisonment for up to five years.")

Austrian preliminary draft of 1909.[34] A number of Commission requests and protocols clearly indicate that the majority of Commission members were against the proposal of the first Commission from the outset and did not want to extend § 175 to women.[35] In their reasoning, the Commission followed the idea that the law could affect so-called "innocent" individuals. This argument was also particularly common among women's movement activists, as I will show later.[36] Furthermore, the Commission determined that the damage caused by legal proceedings in this matter would be greater than the benefit of a "general preventive effect" ("*generalprävenierende Wirkung*").[37] Finally, even if acquitted, a woman's reputation would be irreparably damaged if she were forced to stand trial for such an offence. The members also agreed with the argument that the offence would be difficult to determine among women. The revised draft retained the limitation of the paragraph to men and to people behaving inappropriately with animals, and was published on September 27, 1913. No further drafts were published before the First World War, and it was not until April 1918 that a small commission resumed work on criminal law reform. They published a new draft in early 1920, together with the 1913 draft.[38] The extension of the offence to women was thus dropped for the time being.

However, the 1909 law reform was not the only attempt made in the 20th century to criminalise homosexual acts between women. Some 25 years later, after the National Socialists came to power in June 1935, extending paragraph 175 to women was again discussed in the context of tightening the paragraph.[39] However, the majority of legal experts who commented on the issue were against extending the offence to women. As Claudia Schoppmann summarises, the negative arguments are particularly telling in this context: first, women would be "pseudo-homosexual" and could be cured. Population growth would therefore not be seriously threatened. Second, it was considered difficult to distinguish clearly between permitted and prohibited behaviour among women. Third, given the subordinate role of women in National Socialism, female homosexuality

---

34 Dagmar Kolbe, *Strafbarkeit im Vorfeld und im Umfeld der Teilnahme (§§ 88a, 110, 111, 130a, 140 StGB). Reformdiskussion und Gesetzgebung seit dem 19. Jahrhundert* (Berlin: De Gruyter, 2011), 74, note 28.

35 The following individuals opposed the expansion of the paragraph to include women: Dr. Kahl, Antrag Nr. 556, 11 July 1912; Dr. Meyer, Antrag Nr. B 559, 11 July 1912; Dr. Ebermayer Nr. B 613, 30 August 1912; Dr. von Hippel, Antrag Nr. B 638, 11 September 1912, alle in Strafrechtskommission Anträge zum Besonderen Teil, No. 501 to 750, BArch R 3001/6341.

36 Protokolle der Kommission für die Reform des Strafgesetzbuchs, 18 September 1912 bis 13 January 1913, Vol. V, BArch R 3001/5926, Bl. 17–19, Zitat Bl. 18.

37 Ibid.

38 Schäfer, "Widernatürliche Unzucht," 32.

39 Günter Grau, *Homosexualität in der NS-Zeit: Dokumente einer Diskriminierung und Verfolgung* (Frankfurt/Main: Fischer 2004).

would not affect public life to the same extent as male homosexuals, whose behaviour was seen as a threat to the state.[40] An important exception to this line of argument was that advanced by the jurist and SS Scharführer Rudolf Klare, who called for the criminalisation of female homosexuality in his book *Homosexualität und Stafrecht*, published in 1937.[41] In his remarks, Klare referred to Austria, where male and female homosexuality had been criminalised by paragraph 129 Ib of the Criminal Code of 1852. Until the late 1960s and early 1970s, Austria provided the most striking contrast to paragraph 175. Until the abolition of homosexuality as a criminal offence in Austria as part of the so-called *Kleine Stafrechtsreform* in 1971, male and female homosexuality were punishable by law in Austria: paragraph 129 Ib was even applied in the years from 1938 to 1945.[42]

Intimate practices in the women's movement

Returning to the preliminary draft of 1909, we can see that there were few official statements on this question from the women's movement. In retrospect, this restraint seems extraordinary considering the high proportion of female couples in the women's movement. For women in the women's movement (but also for teachers who were not allowed to marry) it was very common to live and travel extensively together, to co-author publications, to pursue joint projects and sometimes even be buried together. Such couples existed within the women's movement in almost all political directions. Helene Lange (1848–1930) and Gertrud Bäumer (1873–1954), Anita Augspurg (1857–1943) and Lida Gustava Heymann (1868–1943), Käthe Schirmacher (1865–1930) and Klara Schleker (1852–1932), Anna Pappritz (1861–1939) and Margarethe Friedenthal (1871–1957), as well as Sophie Goudstikker (1865–1924) and Ika Freudenberg (1858–1912), were some of the best-known examples. They addressed each other as "*Freundinnen*" or "*Lebensgefährtinnen*" (meaning life partners); their relationships were defined by familiarity, emotional attachment and sometimes desire. Additionally, many of these relationships exhibited a distinct division of labour.

---

40 Claudia Schoppmann, "Zwischen strafrechtlicher Verfolgung und gesellschaftlicher Ächtung: Lesbische Frauen im Dritten Reich," in *Homophobie und Devianz*, edited by Eschebach, 35–51, 38–9.

41 Rudolf Klare, *Homosexualität und Strafrecht* (Hamburg: Hanseatische Verlagsgesellschaft, 1937). See also Rudolf Klare, "Zum Problem der weiblichen Homosexualität," *Deutsches Recht* 8 (1938): 503–7.

42 Johann Karl Kirchknopf, "Die strafrechtliche Verfolgung homosexueller Handlungen in Österreich im 20. Jahrhundert," *zeitgeschichte* 43 (2016) 2: 68–84; Roman Birke and Barbara Kraml, "Gleichzeitigkeit von Inklusion und Exklusion: Homosexualitäten zwischen Verfolgung und Normalisierung in Österreich 1971," *zeitgeschichte* 43 (2016) 2: 85–100; Claudia Schoppmann, *Verbotene Verhältnisse. Frauenliebe 1938–1945*, (Berlin: Querverlag 1999).

In the letters of activist Käthe Schirmacher, her partner Klara Schleker – also active in the radical women's movement – is referred to not only as an activist or writer, but also as a homemaker, secretary, and lover.[43] Schleker took on most of the reproductive tasks in the house and garden, despite her numerous political responsibilities. In many relationships found in the women's movement, one party often fulfilled the functions of secretary, housekeeper, companion and close friend or partner at the same time. This model of female relationships adapted the central economic parameters of a marriage. Productive and reproductive work was divided, either between the two women or between them and their employees. Finances were managed jointly, and the women took care of each other, for example during periods of illness. These marriage-like relationships were not only widespread within the movement; they were also considered respectable. The freedom not to have to marry and to be able to devote oneself to intellectual matters, especially feminist issues, was seen as a liberating and legitimate way of life.

Even though these women were perceived and often admired as couples in the social environment of the women's movement[44] it is not possible to determine whether these relationships were sexual in nature or if the women would have perceived their actions as 'sexual'. Although certain language used in the sources suggests that some of these women also had sexual relationships, there is little clear evidence for this. Individuals such as Louise Otto-Peters, Käthe von Roerdansz and Käthe Schirmacher also wrote about the phenomenon of female friendship.[45] It is rarely documented, however, that the women of the movement identified themselves as homosexual or lesbian.[46] Exceptions to this are the ac-

---

43 For a detailed analysis of Schirmacher's and Schleker's relationship see Elisa Heinrich, "(Gegen-)Hegemoniale Praktiken und Positionierungen. Entwürfe von Intimität und Beziehung," in Johanna Gehmacher, Elisa Heinrich, and Corinna Oesch, *Käthe Schirmacher. Agitation und autobiografische Praxis zwischen radikaler Frauenbewegung und völkischer Politik* (Vienna: Böhlau 2018), 194–260.

44 The correspondence between Käthe Schirmacher and the young bookseller Marie Hornschuck is one example among many: Käthe Schirmacher Papers 464/001–023, Marie Hornschuck to Käthe Schirmacher, 1910–1912, Rostock University Library.

45 Louise Otto-Peters, "Weibliche Freundschaften," *Neue Bahnen. Organ des allgemeinen deutschen Frauenvereins* 25 (1890) 18: 137–40; Käthe von Roerdansz, "Frauen-Freundschaften," *Frauen-Rundschau* 9 (1908) 3; Käthe Schirmacher, "Frauenfreundschaft," April 1912, *Vortrupp. Halbmonatsschrift für das Deutschtum unserer Zeit*, Käthe Schirmacher Papers, 495/001.

46 The term *"lesbisch"* ("lesbian") was common around the turn of the century and originated from sexology. It gradually gained popularity in other social discourses, similar to the terms "sapphism" and "tribadism". See eg. "Lesbische Liebe," edited by J. Kahlenburger, *Konversations-Lexikon zur Kulturgeschichte der Liebe und Ehe*, Vol. 1 (Berlin: Alfred H. Fried, 1892). See also George Jr. Chauncey, "From Inversion to Homosexuality. Medicine and the Changing Conceptualization of Female Deviance," *Salmagundi* 58–59 (1982–83): 114–46 and Lisa Duggan, "The Trials of Alice Mitchell. Sensationalism, Sexology, and the Lesbian Subject

tivists Johanna Elberskirchen (1864–1943) and Anna Rüling (the pseudonym of Theo Sprüngli, 1880–1953), who were partly located in the women's movement. Sprüngli gave a speech in front of the members of the Scientific-Humanitarian Committee in 1904 entitled "What interest does the women's movement have in solving the homosexual problem?". In it, she attempted to position homosexual women within the women's movement. Rüling and Elberskirchen both used sexological concepts to describe desire between women. Other activists criticised them for doing so, questioned whether Rüling and Elberskirchen even belonged to the women's movement and denied them the right to speak for it.[47] The majority of activists distanced themselves from or rejected the concept of homosexuality. The question is why they did so.

From the 1870s onwards, sexual scientists developed the concept of homosexuality as a new category that condensed certain practices into a sexual subject position. Sexologists saw masculine-coded behaviours such as smoking, drinking, sport or the pursuit of education as indications of women's homosexuality. Furthermore, the women's movement was seen as a place where homosexuality among women could develop and spread. Linking homosexuality to the women's movement in sexual studies texts not only discredited the women's movement as a whole but also pathologised its actors.[48] In addition, the concept of homosexuality, which placed a particular sexual practice at the centre of an identity, offered few identification possibilities for the actors, whose multifaceted relationships oscillated between political commitment, partly hierarchical working relationships, and sexual relations. Therefore, there was little reason for women's movement activists to identify as homosexuals.

Couples such as Anita Augspurg and Lida Gustava Heymann did not participate in this sexological discourse, preferring instead to emphasise the self-evidence of their relationship and lifestyle. Even outside the movement they appeared as a couple, for example when buying a house. However, how can we think about these relationships and what terms can we use to describe them? In my study *Intim und respektabel* (Intimate and respectable),[49] I suggest using the concept of intimacy as it is open to a great breadth of interpretation regarding meaning and historical variability. This term can refer to an emotional di-

---

in Turn-of-the-Century America," *Signs. Journal of Women in Culture and Society* 18 (1993): 791–814.

47 See, e. g., "Schamlos freche Agitation," *Centralblatt des Bundes deutscher Frauenvereine* 6 (1904) 18; Ella Mensch, "Grober Unfug," *Frauen-Rundschau* 5 (1904) 45.

48 Wilhelm Hammer, *Die Tribadie Berlins. Zehn Fälle weibweiblicher Geschlechtsliebe aktenmäßig dargestellt nebst zehn Abhandlungen über die gleichgeschlechtliche Frauenliebe* (Großstadt-Dokumente 20) (Leipzig–Berlin: Hermann Seemann Nachf., 1906).

49 Elisa Heinrich, *Intim und respektabel. Homosexualität und Freundinnenschaft in der deutschen Frauenbewegung um 1900* (Göttingen: V&R unipress, 2022) (Sexualitäten in der Geschichte 1).

mension: familial relationships and couple relationships, but also friendships. The term intimacy can also refer to the physical interactions between people; it may encompass desire, pleasure, and sexuality. These different contexts of interpretation share the term's association with being close. According to Lauren Berlant, intimacy can be seen as a form of "attachment."[50] Viviana Zelizer defines intimacy as the sharing of knowledge that creates familiarity and commonality: "We can think of relations as intimate to the extent that interactions within them depend on particularised knowledge received, and attention provided by, at least one person – knowledge and attention that are not widely available to third parties."[51] This comprehensive definition allows us not only to capture different types of relationships, but also to analyse their gradations and diversity instead of simply labelling them as amicable, sexual or familial. The term allows us to express that the involved individuals were close without having to make a precise *a priori* definition of the relationship. It enables us to describe intimacy between individuals without focusing on the physical or sexual aspects of a relationship. In the context discussed here, the term can be used to describe relationships between women who lived as couples at the turn of the century, but who neither adopted sexological terms to describe their relationships nor – from today's perspective – had unambiguous sexual relationships.

Negotiating paragraph 250 in the women's movement

From the 19th century onwards, activists in women's movements had participated extensively in discussions concerning moral reforms, on topics such as prostitution and abortion. At the same time, and as previously mentioned, they withheld themselves largely from public discussions concerning the possible criminalisation of female homosexuality. Although few articles were published in movement journals in the months and years following the proposal's disclosure, there were internal discussions and considerable controversy about the topic within the movement itself. Evidence of these discussions can be found in correspondence and in minutes, as well as in activists' personal papers. Using two sources, the following section examines the positioning of activists towards the sexological concept of female homosexuality as a result of the impending inclusion of this category in criminal law.

---

50 Lauren Berlant, "Intimacy: A Special Issue," *Critical Inquiry* 24 (1998) 2: 281–88, 285.
51 Viviana Zelizer, "Caring Everywhere," in *Intimate Labors. Cultures, Technologies, and the Politics of Care*, edited by Eileen Boris and Rhacel Salazar Parreñas (Stanford: Stanford University Press, 2010), 267–79, 268.

In *Centralblatt*, the journal of the *Bund Deutscher Frauenvereine* (BDF, the Union of German Feminist Organisations), the subject of homosexuality appeared at least a few times. The fortnightly publication (renamed *Die Frauenfrage* in 1913), founded in 1899, was edited by Marie Stritt (1855–1928) on behalf of the BDF. The magazine had a bourgeois-liberal orientation and focused mainly on labour rights, women's education, and on pioneers in professions and universities during its first years of publication. From 1898 onwards, the BDF had a permanent commission for moral issues. Around 1903, the topic of prostitution was increasingly addressed in separate articles. By 1905, the discussion of moral issues had become an important part of the journal. Compared to other women's movement magazines similarly broad in the topics they chose to discuss, *Centralblatt* included significantly more articles on sexuality.[52] The journal featured six articles on homosexuality before 1909, which is a significantly higher number than other publications.[53] After the preliminary draft's publication only one article on paragraph 250 was published in *Centralblatt*. Thus, on the surface, there is no evidence that the largest and most influential women's organisation in Germany at the time, the BDF, dealt with the issue. In her article, Camilla Jellinek (1860–1940), head of the Union's Legal Committee, argued that the implementation of paragraph 250 would be justified because of the women's movement's strive for equality.[54] As long as the Criminal Code intended to punish homosexuality in general, female homosexuality should also be criminalised.

Only internal documents show that the activist Elsbeth Krukenberg (1867–1954) submitted an article in reaction that strongly opposed Jellinek's argument. Gertrud Bäumer, a central figure of the German women's movement at the time and chief editor of *Centralblatt*, took this as a reason to ask the journal's members for written statements on the question. The surviving letters – sent back within a matter of days – show clearly that a majority of the members held

---

52 See for example a comprehensive book review of Auguste Forel, "Die sexuelle Frage. Besprochen von Marie Silling," *Centralblatt des Bundes deutscher Frauenvereine* 8 (1906) 18.

53 For the study *Intim und respektabel* eight supra-regional journals were systematically examined for their dealings with homosexuality, friendship and intimacy between 1870 and 1914: besides the *Centralblatt* the following magazines have been analysed: *Neue Bahnen* (journal of Allgemeine Deutsche Frauenverein/ADF), *Die Frau – Monatsschrift für das gesamte Frauenleben unserer Zeit* (edited by Bund Deutscher Frauenvereine/BDF), *Die Frauenbewegung – Revue für die Interessen der Frau* (journal of Verband Fortschrittlicher Frauenvereine/VFF), *Frauen-Rundschau* (formerly *Dokumente der Frauen*), *Mutterschutz – Zeitschrift zur Reform der sexuellen Ethik/Die Neue Generation* (edited by Bund für Mutterschutz/BfM); *Der Abolitionist* (journal of the german section/Deutscher Zweig of the International Abolitionist Federation/IAF) and *Die Gleichheit* (journal of Vereinigte Sozialdemokratische Partei Deutschlands). See Heinrich, *Intim und respektabel*, 181–214, 233–75.

54 Camilla Jellinek, "Der Vorentwurf zu einem deutschen Strafgesetzbuch. Vom Standpunkt der Frauen aus betrachtet," *Centralblatt des Bundes deutscher Frauenvereine* 11 (1909/10) 21.

positions against implementing paragraph 250. Nevertheless, the topic caused conflict. Alice Bensheimer (1864–1935), for example, opposed "resolutely [...] this kind of equality".[55] Other activists considered the matter so important that they felt it should be brought before the entire board. *Centralblatt*'s editorial director Marie Stritt shared Jellinek's viewpoint:

> "Both [Krukenberg had submitted a second essay on a different topic] are, to be honest, terrible. I request your decision regarding this terrible §175 literature. In C.B., everything that needs to be said by the Union has already been stated. It appears to me to be almost <u>dangerous</u> to demand unequal rights for men and women in this matter from all sides. This will undoubtedly lead to some of the most serious misinterpretation, and such a statement [...] would also cause considerable damage to the Union."[56]

In her letter, Anna Pappritz addressed the problems faced by the women's movement as a result of the proposed § 250. She also emphasised that homosexual intercourse between adults should remain unpunished, while at the same time strengthening the paragraphs on seduction of minors and dependents. She demanded the abolition of § 175 by the women's movement and offered to write an article to this effect for *Centralblatt*.[57]

In early March, the executive board finally held a meeting in which they discussed Elsbeth Krukenberg's submitted text. The minutes of the meeting only reveal that the board finally rejected Krukenberg's counter-arguing article, which would have revealed the internal disagreement on the topic.[58] Jellinek's article in favour of paragraph 250 remained the Union's only public statement on the question. However, a letter from Gertrud Bäumer to Marie Stritt demonstrates that most editorial members, including Bäumer herself, shared Krukenberg's opinion. Nevertheless, they decided against publishing in order not to give the issue any more publicity.[59]

The analysed material demonstrates the significant interest in the topic of female homosexuality within the Union. On the surface, the activists chose a defensive strategy in this case. However, the correspondence between Gertrud Bäumer and the women of the board reveals that this decision was carefully considered and that among themselves, the activists were everything but silent about the issue.

An apparently controversial question was the extension of paragraph 175 in the German section (*Deutscher Zweig*) of the International Abolitionist Feder-

---

55 Alice Bensheimer to Gertrud Bäumer, 16 February 1911, HLA, B Rep. 235-01 (BDF), 322/77.
56 Ibid. (emphasis in original).
57 Anna Pappritz to Gertrud Bäumer, 14 February 1911, HLA, B Rep. 235-01 (BDF), 322/75.
58 BDF, Tagesordnung und Protokoll zur Vorstandssitzung am 2. März 1911, HLA, B Rep. 235-01 (BDF), MF-Nr. 3122.
59 Gertrud Bäumer to Marie Stritt, 13 March 1911, HLA B Rep. 235-01 (BDF), 422/111. See also Gertrud Bäumer to Marie Stritt, 23 March 1911, HLA, B Rep. 235-01 (BDF), 422/125.

ation (IAF). This organisation, operating as a European network, advocated for the abolition of state regulation of prostitution and for moral standards to be applied equally to both sexes.[60] In contrast to abolitionist organisations in other countries, where men, especially physicians, were also active, abolitionism in Germany attracted almost exclusively women, and accordingly showed many overlaps with the content and protagonists of the women's movement. Despite its focus on sexuality-related issues, the German branch of the IAF largely stayed away from homosexuality until the reform of the penal code. This organisation provides a particularly impressive example of the divide that the preliminary draft triggered in the debates surrounding female homosexuality within the women's movement. The German branch had already contributed to the criminal law reform process through numerous events and publications prior to the release of the preliminary draft.

Detailed discussions on the reform, particularly regarding the so-called indecency offences, continued to be published in *Der Abolitionist* after its publication.[61] From 1911 onwards, *Der Abolitionist* became an important site of debate regarding the criminalisation of female homosexuality. At the beginning of the year, two articles were published by Käthe Schirmacher and Anna Pappritz, which became benchmark texts in different areas of the women's movement.[62] In her article, Käthe Schirmacher strongly opposed the argument that the expansion of the criminal offence should be welcomed from the perspective of equality, referring to Camilla Jellinek's article published in *Centralblatt*. She directly addressed the fact that there were reservations within the movement about publicly engaging with this issue.

"It is quite possible that the drafters of § 175–250 believed that this provision would pass without objection, like a letter in the mail, because women would hesitate to discuss this very point. (To my knowledge, this point has not yet been discussed within the women's movement.)"[63]

---

60 Prostitution was not generally considered a criminal offence in the German Empire. However, pimping and the disregard of state and moral regulations, which included certain restrictions and controls (paragraph 361,6 RStGB), were illegal under paragraph 180 of the Reich's Criminal Code (RStGB). Prostitutes were obliged to report their activity to the police, carry a work permit and undergo regular medical examinations. These measures were primarily intended to protect the health of clients and their wives. The regulations applicable to prostitutes also created an instrument for controlling women in or accessing public spaces. This instrument affected not only women working in prostitution, but also women's participation in public life overall. Kretzschmar, "*Gleiche Moral und gleiches Recht für Mann und Frau,*" 41, 46.

61 See, e.g., Anna Pappritz, "Die Strafrechtsreform," *Der Abolitionist* 9 (1910) 1.

62 Käthe Schirmacher, "§ 175 des deutschen Strafgesetzes," *Der Abolitionist* 10 (1911) 1; Anna Pappritz, "Zum Paragraph 175," *Der Abolitionist* 10 (1911) 2.

63 Schirmacher, "§ 175."

Schirmacher's central argument was that the paragraph would have significant and previously underestimated effects. It would subject many more women to criminal law than just those cases that were considered "innate homosexuality". Schirmacher assumed "that sexual relationships between women are not uncommon. In most cases (excluding cases of innate homosexuality), they should be evaluated differently from sexual intercourse between men."[64] She argued that men, whether married or not, had access to sexual intercourse at any time through regulated prostitution, unlike women. Bourgeois, educated, working women would be "much more tightly bound than men and, especially in educated circles, much more hindered from natural sexual intercourse than men. This does not imply a right for women to engage in sexual activity with each other. However, it does lead to a different assessment."[65] Therefore, they should not be punished if they decided to choose a life with another woman and same-sex relations. She also emphasised the economic aspect and saw the extension of paragraph 175 as a threat to a social and economic model that had become both emotionally and economically necessary for many working, unmarried women. Schirmacher's text distinguished between women who, for various reasons, had "sexual relations" with each other and those whose homosexuality was innate.

In her critique of § 250, Schirmacher did not discuss those who were at the centre of this sexological discourse (the "innates"), but rather a group that had chosen same-sex relationships due to certain circumstances. Historian Tracie Matysik criticises the fact that in this argument, as in other texts by women's movement activists, the homosexual woman is made to disappear. This criticism, in my opinion, misses the point. Schirmacher, Krukenberg and other protagonists argued not as homosexual activists, but as activists of the women's movement. Their goal was to find a way to fend off the potential prosecution of their lifestyles. Their statements also reveal their own conceptions of same-sex desire, which only partially aligned with the sexological concept of female homosexuality.

It is worth noting that Schirmacher's article was accompanied by several footnotes in which the editors contradicted her views. In response to her postulate that it was not unusual for women to have sexual relations with other women, the editors remarked: "We doubt this for Germany; it has not been proven by anything". As the implicit conversation between the author and the editor shows, Schirmacher's text pushed the boundaries of what was considered acceptable and respectable in this context. The author remained within the bounds of acceptable statements in her argument: she did not explicitly advocate for the right to homosexual lifestyles, but argued in terms of "mitigating cir-

---

64 Ibid.
65 Ibid.

cumstances" when "natural sexual intercourse" was not possible. She simply pointed out that "sexual relations" between women existed and that they were not uncommon. However, Schirmacher associated these relationships with the intimate couples in the women's movement, blurring the distinction between respectable women couples and those who engaged in sexual activity. The editorial team obviously could not leave this unaddressed.

The following issue of *Der Abolitionist* published an article by Anna Pappritz on paragraph 175. Pappritz agreed with Schirmacher's contribution in some respects, but disagreed completely on one point: that homosexual relations between women should be judged differently from those between men. Pappritz referred to this "vice" as "just as reprehensible, disgusting, and repulsive".[66] Nevertheless, female homosexuality should be judged differently, according to Pappritz, because paragraph 175

> "only punishes a form of unnatural intercourse between men, which physiologically cannot occur between women. [...] If this new paragraph 250 is extended to women, it would mean that an offence will be punished in women that remains *unpunished in men*. This is therefore a discriminatory exception against the female sex!"[67]

Referring to the physical processes involved in sexual intercourse allowed Pappritz to reject paragraph 250 as unjust, without having to condone the actions of homosexual women at the same time. She also emphasised the potential social consequences of denunciations for women couples living together.

The two articles in *Der Abolitionist* cover the range of interpretations of female homosexuality and possible strategies for dealing with the potential for criminal prosecution. While Schirmacher implicitly connected intimate relationships within the women's movement to the women addressed in the criminal law draft, Pappritz emphasised that the respectable female couples within the movement had nothing in common with homosexual women. However, both activists argued against the extension of paragraph 175 to women.

Conclusion

Around 1900, the category of the female homosexual was still an abstract concept within the women's movement, although it was associated with the feminist milieu by sexologists on the one hand and activists such as Anna Rüling on the other. Only a few protagonists of the movement engaged with the concept both in their personal lives and in their activist practice.

---

66 Pappritz, "Zum Paragraph 175."
67 Ibid. (emphasis in original).

The identification of female homosexuality as a criminal category had drastic consequences for the women's movement whose members had cultivated a lifestyle centred around women. As previously stated, relationships in this context were not primarily distinguished by the specific physical actions performed within them. The possible criminalisation of female homosexuality suddenly shed light on female couples in the movement who had lived thus far undisturbed by public attention and who did not feel they had much in common with the "homosexual women" sexologists referred to in their theories. The law reform process served as a catalyst for the negotiation of homosexuality and politicised the various forms of "living together" found in the women's movement. This is particularly evident in the conflicts over Jellinek's concept of justice and Schirmacher's statement that sexual relationships between women were not uncommon.

Both the limited number of published texts on paragraph 250 and the internal debates demonstrate the urgency of this discussion within the women's movement. As demonstrated by the example from the BDF's internal sources, the silence on female homosexuality directed to the outside world was often preceded by an internal exchange of opinions and intense discussion. The issue was not simply ignored in the women's movement. Rather, there was a differentiated policy of internal speech and external strategic silence.

Although the protagonists distanced themselves in different ways from the category of homosexuality, most of them argued against paragraph 250. In doing so, they argued not as homosexual activists, but as part of the women's movement, trying to defend their way of life.

Abstracts

Ideological Transfers and Continuities: Effects of the Nazi Era

Alicja Bartnicka
Heinrich Himmler's Relations to Poland 1933–1939

Heinrich Himmler, considered to be one of the persons mainly responsible for the Holocaust, was the main architect of German policy towards Poland during World War II. His actions, which included "Germanisation", selection, and extermination of population, became increasingly brutal from month to month. In the interwar period, the Polish question was of rather marginal interest to Himmler and his activities. Two main reasons can be identified for this lack of focus on Poland. Firstly, Himmler's focus was on other issues – primarily on building the SS racial elite and his police apparatus. Additionally, the *Reichsführer* at that time did not hold a position that would give him influence or authority in German diplomacy. While Himmler's interactions with Polish authorities were sporadic during this period, they held significant importance for Polish-German relations. This article aims to explore Himmler's engagement with Poland in the lead-up to World War II and examine how the Polish authorities perceived his role within the power structures of the National Socialist regime.
Keywords: Heinrich Himmler, Poland, Polish-German relations, World War II

Christian Klösch
"Operazija Ossoaviachim": Austrian Technicians in the Soviet Missile Programme (1945–1958)

The transfer of knowledge from German rocket technology to the USSR post-1945 is well documented in research. Consequently, it was discovered that the work of German rocket engineers was an important source of inspiration, but that the decisive developments that led to the success of the Soviet space programme were implemented independently by researchers in the USSR. Little is known about the work of rocket engineers from Austria in the USSR. Of the approximately 150 German-speaking technicians in the Soviet rocket building programme, at least five came from Austria. The documents of Josef Pointner and Johannes Hoch provide an insight into the work of this Austrian group: Josef Pointner worked as an engine specialist and Anton Närr as a civil engineer for rocket test stands. Johannes Hoch – briefly head of the German engineering collective – as well as Josef Eitzenberger and Werner Buschbeck played a special role in the development of the first generation of Soviet air defence missiles. Due to a lack of career opportunities in Austria, most of them continued their careers in West Germany after their return in the mid-1950s. There, Josef Eitzenberger got caught up in an espionage scandal as a long-term consequence of his work in the USSR.

Keywords: German rocketry, USSR, Austria, technology transfer, Cold War

Isolde Vogel
The "Jewish-American Conspiracy": Antisemitic Images in the Far-Right Magazine Aula

Images have long served as a prominent means of expressing antisemitism throughout history. Similarly to verbal expression-forms, visual forms have also undergone transformations over the course of time, particularly in terms of the explicitness of their motifs and narratives. This paper analyses the iconology of antisemitism shown in the images of the Austrian far-right magazine *Aula*. The focus lies on the central image theme of the "Jewish-American Conspiracy", whose narrative links anti-Americanism to antisemitism. The paper is dedicated to discussing continuity and transformation of the visual presence of antisemitism and exploring how and in which narratives antisemitism is shown explicitly and implicitly in contemporary imagery. In a broader perspective, this article analyses whether antisemitism is conveyed on both levels: explicitly in familiar antisemitic imagery and implicitly through the communication of antisemitic world explanations.

Keywords: antisemitism, anti-americanism, image analysis, iconology

Elisa Heinrich
Equal Rights, equal Punishment? German Feminists discuss the impending Criminalisation of Female Homosexuality before World War I

With the 1909 *Vorentwurf zu einem deutschen Strafgesetz* (Proposal for a new German Criminal Code), "female homosexuality" was identified as a criminal category in Germany. Where paragraph 175 had criminalised *Widernatürliche Unzucht* ("unnatural fornication") between men (and between humans and animals), the proposed paragraph 250 would punish female-female sexual relations as well. The publication of the *Vorentwurf* caused considerable controversy. Surprisingly, few feminist activists joined the public protest, even though a comparatively high proportion of activists in the women's movement lived in intimate relationships with each other. The article analyses various feminist perspectives and shows that the silence offered to the outside world about female homosexuality was often preceded by vigorous internal debates and negotiations. This paper also demonstrates that the law reform process served as a catalyst for the negotiation of homosexuality, and it politicised the various forms of living together found in the women's movement.
Keywords: homosexuality, criminal law reform, women's movement, Germany

Rezensionen

Axel Schildt, **Medien-Intellektuelle in der Bundesrepublik**, hg. und mit einem Nachwort versehen von Gabriele Kandzora und Detlef Siegfried, 4., durchgesehene Auflage, Göttingen: Wallstein Verlag [2020] 2022, 896 Seiten.

Der Hamburger Kultur- und Medienhistoriker Axel Schildt (1951–2019) hat sich mit seinen Büchern „Moderne Zeiten. Freizeit, Massenmedien und ‚Zeitgeist' in der Bundesrepublik der 50er Jahre (1995)", „Konservatismus in Deutschland – von den Anfängen im 18. Jahrhundert bis zur Gegenwart" (1998), „Zwischen Abendland und Amerika. Studien zur westdeutschen Ideenlandschaft der 50er Jahre" (1999) und seiner „Sozialgeschichte der Bundesrepublik Deutschland bis 1989/90" (2007) einen Namen gemacht. In seinem nunmehr letzten Buch setzt Schildt diese Geschichten fort und schreibt sie neu. Sein umfassendes Buch ist allerdings nur ausgehend vom Nachwort zu verstehen. Schildt hat Jahre daran gearbeitet, es aber nicht mehr zu Ende führen können. Die Herausgabe hatte er zwei gewissenhaften und ihm nahestehenden Menschen übertragen, die die Genese des Werks schildern sowie biografisch und fachlich rahmen.

Das frühe Forschungsinteresse des Autors galt der politischen Wirkungsgeschichte von Abendland-Ideologen, „konservativen Revolutionären" und Vertretern des „Tat-Kreises", die in den Anfängen der Bundesrepublik intellektuell führend waren. Zunächst standen individuelle und weltanschauliche Aspekte von Mitläufern, Repräsentanten und Sympathisanten des „Dritten Reiches" sowie ihre Rolle in der zweiten deutschen Demokratie im Fokus. Kontinuitäten von Weimar und der NS-Zeit vermengten sich konfliktiv mit der Liberalität einer zunehmend printmedial geprägten Öffentlichkeit. Schildt wollte ursprünglich die Entwicklung bis ins Jahr 1989 analysieren und zu seinem 70. Geburtstag 2021 finalisieren. Die Darstellung endet jedoch gegen Ende der 1960er-Jahre. Der Tod riss dem Verfasser die Feder aus der Hand. Doch bietet er für den genannten Zeitraum Ideen-, Intellektuellen-, Kultur-, Medien-, Stadt-, Technologie- und Wirtschaftsgeschichte in einem und erhellt dabei Absichten, Handlungsstrategien, Interessen, Motive, Ziele und Wirkmächtigkeiten seiner Protagonisten. Die bundesdeutsche Geschichte betrachtet er nicht für sich, sondern setzt sie in den Kontext größerer historischer Abläufe. Von Interesse sind Umbrüche und Zeitenwenden, nicht jedoch als Höhe- oder Tiefpunkte von Ereignissen, sondern im Sinne einer gesellschaftsgeschichtlichen Longue durée. Schild bevorzugt eine quellennahe Darstellung, um Antinomien greifbarer zu machen und Atmosphärisches einzufangen.

Im ersten Kapitel wird die Neuordnung des intellektuellen Medienensembles der Nachkriegszeit konzipiert, das Sich-Wiederfinden und die Rückkehr intellektueller Akteure ausfindig gemacht, gefolgt von „Westwärts", dem „Abstieg Berlins" und der Etablierung medien-intellektueller Zentren. Auf „Kommandohöhen" befanden sich Intellektuelle im Radio. Schildt macht Schreiborte und die Reorganisation der Verlagslandschaft aus. Es geht auch um alte und neue Blätter sowie das Feuilleton der Tages- und Wochenpresse. Dabei wird die Entwicklung vom bundesdeutschen „Zeitschriftenfrühling" zum „Zeitschriftenmarkt" ausgebreitet.

Im zweiten Kapitel („Einübung des Gesprächs" und die Intellektuellen in den Medien der frühen Bundesrepublik) geht es um „braune Schatten". Es beginnt mit dem „Fragebogen" von Ernst von Salomon. Sodann stechen Ernst Jünger und sein Umfeld hervor, das sich als anschlussfähig für scheinbar Unvereinbares offen zeigte. „Das verlorene Gewissen" des gebürtigen Innsbrucker Schriftstellers Kurt Ziesel schlug hohe Wellen in der Bundesrepublik. Er richtete sich mit seiner Kampagne gegen alle nunmehr demokratisch gewendeten Nazis, die sich über ihre Vergangenheit in Schweigen hüllten oder sie vertuschten. „Aufhellungen" im Sinne moderner und kritischer Tendenzen der Liberalisierung gingen parallel mit einer „Modernisierung unter konservativen Auspizien" und der „Politisierung des Nonkonformismus".

Das dritte Kapitel beleuchtet Intellektuelle in der Transformation der „langen 60er Jahre" in der beginnenden „Fernsehgesellschaft" mit anziehendem „Reformklima" und der „Suche nach dem Fortschritt" und der einsetzenden „Linkswende" im Zeichen der intellektuellen Opposition gegen die Bonner Politik, sich verbreiternden „Protestkonjunkturen" 1958–1965 und dem Trend von der Internationalität zur „Suhrkamp Culture". „Haltelinien" wurden eingezogen durch konservative Beharrung und dagegen Erneuerungsversuche unternommen. Der „Fetisch Revolution" mit 1968 als Intellektuellengeschichte beschließt das dritte Kapitel.

Im vierten Kapitel war eine Geschichte der „Intellektuellen in der Spätphase der ‚alten Bundesrepublik' der 1970er- und 1980er-Jahre" angedacht. „Vanitas – lauter Endspiele" lautete ein weiterer Abschnitt über „Das Verblassen der sozialistischen Hoffnungen". Anschließen sollte ein „Backlash" mit „Rekonstruktion des Konservatismus", gefolgt von „Grün schlägt rot und schwarz" mit den „Intellektuellen und das alternative Milieu" und „Spät geworden" mit der „intellektuellen Selbstanerkennung der Bundesrepublik". All das war Schildt nicht mehr vergönnt.

Fazit: Stereotypen und Vorurteile räumt Schildt ab. Die Intellektuellen der Bundesrepublik waren in der Regel weder „tiefe Denker", noch „verhaltensauffällige Störenfriede". Eine ausschließliche „Expertenrolle" ist ihnen nicht zuzuschreiben. Das Quellen- und Literaturverzeichnis weist 28 Archive aus, aus denen bis zu hundert bis dato größtenteils unausgewertete Nachlässe sowie Archivbestände von Akademien und Zeitungsredaktionen stammen. Nicht alle Funde konnten noch berücksichtigt werden. Die Herausgeber entschieden sich, das Buch dort enden zu lassen, wo Schildt seine Darstellung beenden musste. Die Einleitung blieb unverändert. Die Gesamtanlage sollte erkennbar bleiben, auch wenn sie nicht abgeschlossen werden konnte. Die Überschriften des nicht mehr realisierten vierten Kapitels sind im Inhaltsverzeichnis durch abweichenden Druck gekennzeichnet. Ein Ausblick in die Gegenwart musste unterbleiben wie auch der letzte Abschnitt über 1968, der das dritte Kapitel abrunden sollte. Die Rolle von Rudi Dutschke, Helmut Gollwitzer, Jürgen Habermas, Kurt Hiller und Alexander Mitscherlich konnte daher nicht mehr ausgeführt werden. Schildt hat die Einleitung sowie das erste und das zweite Kapitel noch überarbeiten können. Wenige, nur noch lektorierende Eingriffe waren nach seinem Tod erforderlich wie bibliografische Angaben zur Komplettierung und formale Korrekturen. Inhaltliches wurde nicht hinzugefügt, lediglich wenige kleine Rekonstruktionen und Einfügungen unternommen. Das Werk ist exzellent erschließbar über ein Institutionen-, Medien- und Personenregister.

(Alt-)österreichische Intellektuelle tauchen auch auf. So finden sich Fundstellen zu Ilse Aichinger, Ingeborg Bachmann, Ernst Fischer, Friedrich Heer, Robert Ingrim (Franz Robert Klein), Arthur Koestler, Erik-Maria Kuehnelt-Leddihn, Konrad Lorenz, William S. Schlamm, Joseph Schumpeter, Hans Sedlmayr und Arnold Zweig.

Schildt nimmt in seiner monumentalen Analyse bundesdeutscher Intellektuellengeschichte keine anklagend-moralisierenden Positionen ein, wie sie der Zeitgeschichtsforschung mitunter anhaften, sondern die eines beharrlichen Forschers, dem es darum geht, die Problemzonen der Verfasstheit der westdeutschen intellektuell-politischen Nachkriegskultur genauso wie ihre demokratischen Potenziale verstehbar zu machen.

Die langjährigen Archivforschungen wurden aufgrund des Programms „Opus Magnum der Fritz-Thyssen- und der Volkswagen-Stiftung" möglich, die die Notwendigkeit und Sinnhaftigkeit umfassender Monografien statt der grassierenden kleinteiligen Peer-Review-Journal-Aufsätze gefördert sehen will. Schildts großes Werk besitzt ein hohes Maß an Aktualität, zumal Rechtsintellektuelle in der deutschen Öffentlichkeit wieder vermehrt Resonanz finden.

Michael Gehler

Bernhard Kuschey, Flucht, Exil und Rückkehr österreichischer SozialistInnen. Anhand der Korrespondenzen von Ella und Karl Heinz. Brünn – Paris – Stockholm – Berkeley. Mit einem Vorwort von Karl Brunner und einem Artikel von Peter Pirker, Wien: Löcker 2023, 355 Seiten.

Der gelernte Schriftsetzer Karl Heinz (1895–1965) war bereits während des Ersten Weltkriegs im Kreis linker Kriegsgegner innerhalb der Sozialdemokratie tätig. In der Ersten Republik war er Obmann der Sozialistischen Arbeiterjugend und

Vorsitzender der Arbeiterjugend-Internationale. Als Sekretär des von Friedrich Adler geleiteten Reichsvollzugsausschusses der Arbeiterräte und anschließend als politischer Geschäftsführer des Republikanischen Schutzbundes übte er wichtige Funktionen in der Sozialdemokratischen Arbeiterpartei aus, die er ab 1930 auch im Nationalrat vertrat. Seine Ehefrau Ella Heinz (1900–1987) war ebenfalls aktive Sozialdemokratin.

Als exponiertem und gefährdetem Politiker gelang Karl Heinz in den Februartagen 1934 die Flucht in die Tschechoslowakei, wohin Gattin Ella und Sohn Otto (1924–2022) nachreisen konnten. Bereits im März 1934 wurden Heinz die österreichische Staatsbürgerschaft und zurückgelassener Besitz entzogen. Darüber hinaus verfolgte ihn die austrofaschistische Regierung wegen der Sicherstellung von sozialdemokratischen Vermögenswerten vor dem 12. Februar und eröffnete ein Verfahren gegen Heinz vor dem Zivilgericht Brünn, das von der Verteidigung in die Länge gezogen werden konnte.

Sein großes Organisationstalent stellte er in den Dienst des Auslandsbüros der österreichischen Sozialdemokraten (Alös). Neben der Einrichtung von Fluchthilfe und Versorgung für Schutzbündler, der Produktion und dem Vertrieb der illegalen *Arbeiter-Zeitung* wurde ein Rechtshilfesystem für die in Österreich verfolgten Sozialdemokrat:innen aufgebaut.

Das rastlose und hervorragende Engagement in diesen Bereichen konnte Bernhard Kuschey anhand der Bestände des Alös-Archivs anschaulich rekonstruieren, die von Karl Heinz gerettet und neben anderen sozialdemokratischen Archivbeständen 1937 nach Westeuropa transferiert wurden, wo sie Friedrich Adler rechtzeitig vor dem Zugriff der Nationalsozialisten in Sicherheit bringen konnte. Als führender Funktionär der Alös nahm Heinz auch an allen in der Tschechoslowakei stattgefundenen Konferenzen der illegalen sozialistischen Gruppen teil. Nach 1935 verschlechterten sich aufgrund der restriktiveren Politik der ČSR die Bedingungen für die Exilpolitik und Karl Heinz musste eine Stelle als Redakteur einer sozialdemokratischen Zeitung im nordböhmischen Trautenau annehmen.

Nach der nationalsozialistischen Machtübernahme in Österreich wurde das Alös aufgelöst und konstituierte sich in Paris als Auslandsvertretung der österreichischen Sozialisten (AVOES) neu, der sich auch die Revolutionären Sozialisten (RS) anschlossen. In Paris musste Heinz die bittere Erfahrung machen, durch Otto Bauer von zentralen Positionen der AVOES ferngehalten und nach Schweden geschickt zu werden, um dort die Fluchthilfe zu organisieren.

Heinz gründete in Stockholm den „Klub österreichischer Sozialisten", fand eine Anstellung in der von der schwedischen Sozialdemokratie unterhaltenen „Flüchtlingshilfe der Arbeiterbewegung" und leistete in den folgenden Jahren enorm viel. Schweden sah sich durch Nazideutschland bedroht und zu einer vorsichtigen Politik genötigt, die das Engagement von Karl Heinz erschwerte. So konnten in der Regel als Jüdinnen und Juden Verfolgte nur dann gerettet werden, wenn ihnen durch ein sozialdemokratisches „Ticket" die Einreise ermöglicht wurde. Auf diese Weise konnten auch die Angehörigen von Ella Heinz' Herkunftsfamilie Stern nach Schweden gelangen. Rund um die Uhr war Heinz nicht nur um die Besorgung schwedischer Visa bemüht, sondern führte eine weltweite Korrespondenz mit allen um die Fluchthilfe bemühten Institutionen und Organisationen. Unter den Prominenten, die mit Hilfe von Heinz gerettet wurden, waren Hugo Breitner, Moritz Robinson, Helene Bauer und Bruno Kreisky. Darüber hinaus war Heinz ständiger Ansprechpartner für alle alltäglichen und seelischen Nöte der von schweren existenziellen Krisen betroffenen Exilant: innen.

Da Schweden aufgrund seiner geopolitischen Lage als zusehends unsicher werdender Zufluchtsort galt, konzentrierte Heinz ab 1940 seine Bemühungen darauf, Weiterreisen in die USA zu ermöglichen. Hier arbeitete er mit dem „Emergency Rescue Committee" von Joseph Buttinger und Muriel Gardiner zusammen, das Affidavits bereitstellen konnte, während gleichzeitig in der amerikanischen Botschaft in Stockholm Immigrationsvisa beantragt werden mussten. Diesen Weg wählten auch Karl Heinz und seine Familie und gelangten kurz vor dem Überfall auf die Sowjetunion auf dem Landweg nach Wladiwostok und weiter mit dem Schiff über den Pazifik an die amerikanische Westküste. Sie ließen sich im kalifornischen Berkeley nieder. Karl Heinz arbeitete als Hilfsarbeiter, ehe er 1948 eine Stelle in der Verwaltung der Universität Berkeley antrat. Ella Heinz fand Beschäftigungen als Putzfrau und Köchin, Sohn Otto als Metallarbeiter, der in Folge Physik studierte.

Anfangs überlegte Karl Heinz noch, nach New York zu übersiedeln, um dem Zentrum sozialistischer Exilpolitik näher sein zu können. Nach der Auflösung der AVOES im Dezember 1941 war die letzte Verbindungslinie zur „alten Partei" unterbrochen. Das anschließend gegründete Austrian Labor Committee (ALC) wurde von Friedrich Adler dominiert, der an alten Vorstellungen festhielt, für sich selbst aber keine Rolle in der Nachkriegspolitik sah. Karl Heinz war in höherem Maß realpolitisch orientiert, aber mit Friedrich Adler durch ein festes Band an Loyalität verbunden. Bereits im Herbst 1944 deponierte Heinz im ALC seinen Wunsch, in ein befreites Österreich zurückkehren zu wollen. 1945 erteilten die USA in der Regel noch keine Rückreisegenehmigungen und erst im Jänner 1946 konnte wieder ein Briefverkehr aufgenommen werden.

Im Februar 1946 bekräftigte Karl Heinz in einem Schreiben an den Parteivorstand der SPÖ, am Wiederaufbau der demokratischen Arbeiterbewegung teilnehmen zu wollen. Parteivorsitzender Adolf Schärf brachte im Antwortbrief seine Freude über diese Bereitschaft zum Ausdruck, fühlte sich aber bemüßigt, gleichzeitig auf „Schwierigkeiten" hinzuweisen. Dieses Muster sollte sich in den darauffolgenden Jahren stets aufs Neue wiederholen. Karl Heinz wollte vermei-

den, in Österreich als Bittsteller anzukommen und hoffte auf verbindliche An-
gebote, die nie gewährt wurden: Eine typisch österreichische, höfliche, aber
unehrliche Variante, nach einem „Willkommen" zugleich unausgesprochen
„Nein" zu sagen.

Als Familienmensch fand Karl Heinz im Privatleben Trost für so manche
Enttäuschung und blieb mit einer umfangreichen Korrespondenz seinen Ge-
nossinnen und Genossen aus früheren Zeiten verbunden. Seine Arbeit an der
Universität betrieb er mit großem Einsatz und einem Verantwortungsgefühl, das
ihn erst verspätet in Pension gehen ließ, um noch die Automatisierung der
Verwaltung fertigstellen zu können. Im beruflichen Ruhestand wollte sich Heinz
als Historiker der Arbeiterbewegung betätigen und begann an einer Geschichte
der Rätebewegung, für die er Zeitzeuge war, zu arbeiten. Leider verhinderte sein
Herztod 1965 die Vollendung dieses Vorhabens. Rolf Reventlow übernahm aus
dem Nachlass die Vorarbeiten und konnte 1969 im Europa Verlag das Buch
„Zwischen Alliierten und Bolschewiken: Arbeiterräte in Österreich zwischen
1918 und 1923" veröffentlichen. Die 1987 verstorbene Witwe Ella konnte noch
1982 in Wien die Benennung eines Floridsdorfer Gemeindebaus nach Karl Heinz
erleben.

Das Exilarchiv von Karl und Ella Heinz wurde von Sohn Otto Heinz und
dessen Gattin Grete dem Verein für Geschichte der ArbeiterInnenbewegung in
Wien übergeben und von Bernhard Kuschey für das Archiv erschlossen. Diese
Quellen bilden auch die Grundlage seiner Arbeit, die einen wertvollen Beitrag zur
Geschichte des sozialdemokratischen Exils darstellt. Kuschey spürt mit großer
Empathie den Traumatisierungen von Flüchtlingsexistenzen nach. Mit dem ge-
waltsamen Zerbrechen von Lebenszusammenhängen geht auch die Zukunfts-
perspektive verloren und erhält jeder Aufenthaltsort den Charakter des Tem-
porären. Jene, die nicht wie die Familie Heinz in ein politisches Netzwerk ein-
gebunden waren, hatten ein noch schlimmeres Schicksal zu ertragen. Kuscheys
Studie schildert auch das Elend einer Exilpolitik, die nicht mehr für die Zu-
rückgebliebenen sprechen konnte, zugleich aber den Geflüchteten ein aktivisti-
sches Ventil im Kampf gegen persönliche Verzweiflung bieten konnte. Ein Ver-
dienst dieses Buches ist es, das Umfeld, in dem Fluchthilfe gegen bürokratische
Hürden und scheinbar aussichtslose Schwierigkeiten unermüdlich betrieben
wurde, detailreich beschrieben und ausführlich analysiert zu haben. Dabei
konnte Bernhard Kuschey Karl Heinz ein würdiges Denkmal setzen: Seine
großartige Leistung auf diesem Gebiet kann sich durchaus mit dem ebenso im-
ponierenden Einsatz von bekannteren Persönlichkeiten wie Varian Fry, Muriel
Gardiner und Joseph Buttinger messen.

Dass nach 1945 die Situation von Karl Heinz kein Einzelfall war und Österreich
und die SPÖ kein Interesse an der Rückkehr dieser Menschen zeigten, ist be-
schämend und wird anhand des Beispiels von Heinz mit einer Vielzahl von

Quellen dokumentiert. Im Schlusskapitel verweist Bernhard Kuschey darauf, dass die aktive und passive Mitbeteiligung der Mehrheitsbevölkerung am Nationalsozialismus nach 1945 in einen „Opfergang" umgedeutet wurde. Dazu passt auch das zynische Narrativ vom „guten Leben im Exil". Nur wenn die Schutzlosigkeit der damals Geflüchteten verstanden wird, besteht die Hoffnung, dass wir uns heute den Nöten der von aktueller Massenflucht betroffenen Menschen besser öffnen können.

Heimo Gruber

Dirk Oschmann, Der Osten: eine westdeutsche Erfindung, Berlin: Ullstein 2023, 224 Seiten.

Dirk Oschmanns Schrift ist eine provokante Auseinandersetzung mit der anhaltenden Diskrepanz zwischen westdeutschen und ostdeutschen Perspektiven und Identitäten. Der 1967 in Thüringen geborene Autor wuchs in der DDR auf, studierte Germanistik, Anglistik und Amerikanistik in Jena und nach der Wiedervereinigung in den USA und ist seit 2011 Professor für Neuere deutsche Literatur an der Universität Leipzig. In seinem Werk wirft er einen kritischen Blick auf die einseitige Prägung des deutschen Zusammenlebens durch westdeutsche Vorstellungen und betont eine anhaltende Teilung der Gesellschaft. Oschmann kritisiert, wie eine aufgezwungene „Ost-Identität" zur zunehmenden sozialen Spaltung beitrage und wie Westdeutsche selbst dreißig Jahre nach dem Mauerfall Politik, Medien, Wirtschaft und Wissenschaft beeinflussen.

Das Thema ist auch heute aktuell. Weiterhin gibt es Unterschiede zwischen Ost- und Westdeutschland, im Lebensstandard, in der Lebenserwartung, in der Einkommens- und Vermögensverteilung und nicht zuletzt in der politischen Grundstimmung. So interessant die Problemstellung dem 25-jährigen Rezensenten, aufgewachsen in Baden-Württemberg und heute Doktorand der Politikwissenschaft an der Technischen Universität Chemnitz, erscheinen mag, präsentiert sich das Buch jedoch weitgehend wie eine frustrierte Abrechnung. Oschmann scheut sich nicht, seine Empörung über eine anhaltende westdeutsche Vorherrschaft deutlich zum Ausdruck zu bringen. Sein leidenschaftlicher Tonfall war im Artikel der *Frankfurter Allgemeinen Zeitung*, der dem Buch zugrunde liegt,[1] vielleicht noch notwendig, um Aufmerksamkeit zu erregen. Spätestens nach der Einleitung wünscht sich der Leser gleichwohl einen Text, der nicht in Emotionen ertrinkt.

---

1 Dirk Oschmann, Wie sich der Westen den Osten erfindet, in: Frankfurter Allgemeine Zeitung, 4. 2. 2022, 13.

Einen solchen liefert Oschmann nicht. Stattdessen wiederholt er überwiegend die Argumente seines Zeitungsartikels aus dem Februar 2022. Seine zentralen Thesen zur vorherrschenden Benachteiligung der Ostdeutschen im wiedervereinigten Deutschland verbleiben dabei größtenteils im luftleeren Raum. Anstatt den Leser mit Zahlen und Statistiken zu überzeugen, beruft sich Oschmann reihenweise auf anonyme anekdotische Evidenz. Ein kurzer Ausflug in die Welt der Empirie ab Seite 112 macht es nicht wett, dass bereits im folgenden Kapitel zum sächsischen Dialekt seine Thesen wieder ausschließlich durch Anekdoten bestätigt werden sollen.

Oschmann scheint teilweise selbst nicht vollständig über das Thema informiert zu sein, über das er schreibt; das erstaunt. Über mehrere Seiten hinweg befasst er sich mit einem Titelbild des Magazins *Der Spiegel*. Dabei ordnet er das zentrale Element des Covers – ein Hut in den Farben Schwarz, Rot, Gold – falsch in die öffentliche Debatte ein. Der Hut stammt schließlich vom sogenannten „Hutbürger", dem sächsischen Mitarbeiter des Landeskriminalamts Maik G, der bei einer Pegida-Demonstration in Dresden mit Journalisten des Fernsehmagazins *Frontal21* aneinandergeraten war. Am Rande sei die Frage erlaubt: Birgt es wirklich Neuigkeitswert, dass ein *Spiegel*-Cover provozieren möchte?

Stärken des Buches finden sich im Kapitel über die Auslöschung des Text- und Bildgedächtnisses der DDR im Literatur- und Bilderstreit. Als Literaturwissenschafter verfügt Oschmann auf diesem Gebiet über Expertenwissen. Solches Wissen hätte sich auch mehr auf den Rest des Buches auswirken sollen. „Schuster, bleib bei Deinen Leisten", möchte der Leser Oschmann provokant zurufen.

Diesen Ruf wird Oschmann wohl nicht hören wollen. Sein Umgang mit Kritik ist problematisch. Weckt im Inhaltsverzeichnis insbesondere das Kapitel über die Reaktionen auf Oschmanns Beitrag in der *Frankfurter Allgemeinen Zeitung* das Interesse des Lesers, so ist es beeindruckend, wie der Autor offensichtlich Schwierigkeiten hat, mit Kritik umzugehen. Schildert er die Anzahl der Reaktionen auf seinen Artikel, fühlt sich der Leser schon beinahe wie beim römischen Feldherren Gaius Julius Caesar: „Von unserer Seite starben nur wenige Soldaten, die Gegner fielen in Scharen" – Kritik gab es nur wenig, dafür umso mehr positive Reaktionen (S. 139f.). Wie der römische Feldherr wird auch Oschmann seine Darstellung der Tatsachen wohlwollend interpretieren. Anstatt mit seinen Kritikern in einen Diskurs einzutreten, diskreditiert Oschmann sie als „westdeutsche Männer im Ruhestand" (S. 140) und spricht ihnen damit sogleich die Fähigkeit ab, sich zum Thema zu äußern. Solche Argumente entstammen sonst überwiegend von Vertretern der „Woke-Kultur". Oschmanns Werk weist in dieser Hinsicht mehrere Parallelen auf. Einerseits unterstellt er allen Westdeutschen anhand zweier Begriffe aus den neunziger Jahren („Aufbau Ost" und „Buschzulage") imperialistische Bestrebungen und Kolonialfantasien. Würden andererseits die Begriffe „Westdeutscher" und „Ostdeutscher" durch „weißer Cis-Mann" und „transsexuelle PoC" ersetzt, könnte sein Werk vermutlich ohne weitere Textänderungen die Regale der Buchhandlungen füllen.

So bleibt bis zum Schluss viel Schwarzmalerei und zugleich die Frage offen, warum es das Buch in dieser Form gibt und es ausgerechnet ein Literaturwissenschafter verfasst hat. Oschmann betont zwar immer wieder, er „jammere" nicht. Konkrete und konstruktive Lösungsvorschläge bringt der Germanist aber kaum vor. So verpufft die große öffentliche Aufmerksamkeit, die er mit seinem Bestseller erreicht. Politik, Medien, Wirtschaft und Wissenschaft erreichen keine Handlungsempfehlungen, über welche die Gesellschaft diskutieren kann. Das ist schade, denn der anfangs interessierte Leser wird nach der Lektüre sicher nicht vom Schreibtisch aufstehen und für mehr ostdeutsche Rektoren an den Universitäten demonstrieren. Am Ende betreibt Oschmann selbst das, was er kritisiert: „Othering" und Ausgrenzung. Damit hilft er der Debatte um gleichwertige Lebensverhältnisse in Ost und West kaum, vielmehr schadet er den Bemühungen der letzten dreißig Jahre.

Leon Kolb

Autor:innen

Alicja Bartnicka, PhD
Assistenzprofessorin am Institut für Geschichte und Archivwissenschaft, Historische Fakultät der Mikołaj-Kopernik-Universität Toruń (Polen), ala.bartnicka @wp.pl

Michael Gehler, Univ.-Prof. Dr.
Jean Monnet Chair, Institut für Geschichte der Universität Hildesheim, gehler @uni-hildesheim.de

Heimo Gruber
Ehemaliger Bibliothekar der Städtischen Büchereien Wien, heigru@aon.at

Elisa Heinrich, Dr.[in]
Zeithistorikerin und Postdoc im Arbeitsbereich Geschlechtergeschichte an der Universität Innsbruck mit Forschungsschwerpunkten in der Geschichte sozialer Bewegungen, der Sexualitätengeschichte und der DisAbility History, elisa.hein rich@uibk.ac.at

Christian Klösch, Mag. Dr.
Historiker, Kustos und Kurator für den Bereich Weltraum und Inklusion/Exklusion in der Verkehrs/Mobilitätsabteilung des Technischen Museum Wien, christian.kloesch@tmw.at

Leon Kolb, MA
Doktorand der Politikwissenschaft an der Technischen Universität Chemnitz, zuvor Studium der Politikwissenschaft an der Eberhard Karls Universität Tübingen, leon.kolb@gmx.de

Agnes Meisinger, Mag.[a]
Mitarbeiterin am Institut für Zeitgeschichte der Universität Wien sowie am Jüdischen Museum Wien, agnes.meisinger@univie.ac.at

Oliver Rathkolb, Univ.-Prof. DDr.
Institut für Zeitgeschichte der Universität Wien sowie Wiener Institut für Kultur- und Zeitgeschichte (VICCA), oliver.rathkolb@univie.ac.at

Isolde Vogel, BA BA MA
Historikerin und Antisemitismusforscherin mit Schwerpunkt auf die Geschichte und Ideologie des Nationalsozialismus und der völkischen Bewegung, wissenschaftliche Mitarbeiterin des Dokumentationsarchivs des österreichischen Widerstandes (DÖW) im Arbeitsbereich Rechtsextremismus, isolde.vogel@doew.at

Zitierregeln

Bei der Einreichung von Manuskripten, über deren Veröffentlichung im Laufe eines doppelt anonymisierten Peer Review Verfahrens entschieden wird, sind unbedingt die Zitierregeln einzuhalten. Unverbindliche Zusendungen von Manuskripten als word-Datei an: verein.zeitgeschichte@univie.ac.at

I. Allgemeines

Abgabe: elektronisch in Microsoft Word DOC oder DOCX.

Textlänge: 60.000 Zeichen (inklusive Leerzeichen und Fußnoten), Times New Roman, 12 Punkt, 1 ½-zeilig. Zeichenzahl für Rezensionen 6.000–8.200 Zeichen (inklusive Leerzeichen).

Rechtschreibung: Grundsätzlich gilt die Verwendung der neuen Rechtschreibung mit Ausnahme von Zitaten.

II. Format und Gliederung

Kapitelüberschriften und – falls gewünscht – Unterkapiteltitel deutlich hervorheben mittels Nummerierung. Kapitel mit römischen Ziffern [I. Literatur], Unterkapitel mit arabischen Ziffern [1.1 Dissertationen] nummerieren, maximal bis in die dritte Ebene untergliedern [1.1.1 Philologische Dissertationen]. Keine Interpunktion am Ende der Gliederungstitel.

Keine Silbentrennung, linksbündig, Flattersatz, keine Leerzeilen zwischen Absätzen, keine Einrückungen; direkte Zitate, die länger als vier Zeilen sind, in einem eigenen Absatz (ohne Einrückung, mit Gänsefüßchen am Beginn und Ende).

Zahlen von null bis zwölf ausschreiben, ab 13 in Ziffern. Tausender mit Interpunktion: 1.000. Wenn runde Zahlen wie zwanzig, hundert oder dreitausend nicht in unmittelbarer Nähe zu anderen Zahlenangaben in einer Textpassage aufscheinen, können diese ausgeschrieben werden.

Daten ausschreiben: „1930er" oder „1960er-Jahre" statt „30er" oder „60er Jahre".

Datumsangaben: In den Fußnoten: 4.3.2011 [keine Leerzeichen nach den Punkten, auch nicht 04.03.2011 oder 4. März 2011]; im Text das Monat ausschreiben [4. März 2011].

Personennamen im Fließtext bei der Erstnennung immer mit Vor- und Nachnamen.

Namen von Organisationen im Fließtext: Wenn eindeutig erkennbar ist, dass eine Organisation, Vereinigung o. Ä. vorliegt, können die Anführungszeichen weggelassen werden: „Die Gründung des Öesterreichischen Alpenvereins erfolgte 1862." „Als Mitglied im Womens Alpine Club war ihr die Teilnahme gestattet." **Namen von Zeitungen/Zeitschriften** etc. siehe unter „Anführungszeichen".

Anführungszeichen im Fall von Zitaten, Hervorhebungen und bei Erwähnung von Zeitungen/Zeitschriften, Werken und Veranstaltungstiteln im Fließtext immer doppelt: „"

Einfache Anführungszeichen nur im Fall eines Zitats im Zitat: „Er sagte zu mir: ‚….'"

Klammern: Gebrauchen Sie bitte generell runde Klammern, außer in Zitaten für Auslassungen: [...] und Anmerkungen: [Anm. d. A.].

Formulieren Sie **bitte geschlechtsneutral bzw. geschlechtergerecht.** Verwenden Sie im ersteren Fall bei Substantiven das Binnen-I („ZeitzeugInnen"), nicht jedoch in Komposita („Bürgerversammlung" statt „BürgerInnenversammlung").

Darstellungen und Fotos als eigene Datei im jpg-Format (mind. 300 dpi) einsenden. Bilder werden schwarz-weiß abgedruckt; die Rechte an den abgedruckten Bildern sind vom Autor/von der Autorin einzuholen. Bildunterschriften bitte kenntlich machen: Abb.: Spanische Reiter auf der Ringstraße (Quelle: Bildarchiv, ÖNB).

Abkürzungen: Bitte Leerzeichen einfügen: vor % oder €/zum Beispiel z. B./unter anderem u. a.

Im Text sind möglichst wenige allgemeine Abkürzungen zu verwenden.

III. Zitation

Generell keine Zitation im Fließtext, auch keine Kurzverweise. Fußnoten immer mit einem Punkt abschließen.

Die nachfolgenden Hinweise beziehen sich auf das Erstzitat von Publikationen.
Bei weiteren Erwähnungen sind Kurzzitate zu verwenden.
-   Wird hintereinander aus demselben Werk zitiert, bitte den Verweis **Ebd./ebd.** bzw. mit anderer Seitenangabe **Ebd., 12./ebd., 12.** gebrauchen (kein Ders./Dies.), analog: Vgl. ebd.; vgl. ebd., 12.
-   Zwei Belege in einer Fußnote mit einem **Strichpunkt**; trennen: Gehmacher, Jugend, 311; Dreidemy, Kanzlerschaft, 29.
-   Bei Übernahme von direkten Zitaten aus der Fachliteratur **Zit. n./zit. n.** verwenden.
-   Indirekte Zitate werden durch **Vgl./vgl.** gekennzeichnet.

Monografien: Vorname und Nachname, Titel, Ort und Jahr, Seitenangabe [ohne „S."].

Beispiel Erstzitat: Johanna Gehmacher, Jugend ohne Zukunft. Hitler-Jugend und Bund Deutscher Mädel in Österreich vor 1938, Wien 1994, 311.

Beispiel Kurzzitat: Gehmacher, Jugend, 311.
Bei mehreren AutorInnen/HerausgeberInnen: Dachs/Gerlich/Müller (Hg.), Politiker, 14.

Reihentitel: Claudia Hoerschelmann, Exilland Schweiz. Lebensbedingungen und Schicksale österreichischer Flüchtlinge 1938 bis 1945 (Veröffentlichungen des Ludwig-Boltzmann-Institutes für Geschichte und Gesellschaft 27), Innsbruck/Wien [bei mehreren Ortsangaben Schrägstrich ohne Leerzeichen] 1997, 45.

Dissertation: Thomas Angerer, Frankreich und die Österreichfrage. Historische Grundlagen und Leitlinien 1945–1955, phil. Diss., Universität Wien 1996, 18–21 [keine ff. und f. für Seitenangaben, von–bis mit Gedankenstich ohne Leerzeichen].

Diplomarbeit: Lucile Dreidemy, Die Kanzlerschaft Engelbert Dollfuß' 1932–1934, Dipl. Arb., Université de Strasbourg 2007, 29.

Ohne AutorIn, nur HerausgeberIn: Beiträge zur Geschichte und Vorgeschichte der Julirevolte, hg. im Selbstverlag des Bundeskommissariates für Heimatdienst, Wien 1934, 13.

Unveröffentlichtes Manuskript: Günter Bischof, Lost Momentum. The Militarization of the Cold War and the Demise of Austrian Treaty Negotiations, 1950–1952 (unveröffentlichtes Manuskript), 54–55. Kopie im Besitz des Verfassers.

Quellenbände: Foreign Relations of the United States, 1941, vol. II, hg. v. United States Department of States, Washington 1958.
[nach Erstzitation mit der gängigen Abkürzung: FRUS fortfahren].

Sammelwerke: Herbert Dachs/Peter Gerlich/Wolfgang C. Müller (Hg.), Die Politiker. Karrieren und Wirken bedeutender Repräsentanten der Zweiten Republik, Wien 1995.

Beitrag in Sammelwerken: Michael Gehler, Die österreichische Außenpolitik unter der Alleinregierung Josef Klaus 1966–1970, in: Robert Kriechbaumer/Franz Schausberger/Hubert Weinberger (Hg.), Die Transformation der österreichischen Gesellschaft und die Alleinregierung Klaus (Veröffentlichung der Dr.-Wilfried Haslauer-Bibliothek, Forschungsinstitut für politisch-historische Studien 1), Salzburg 1995, 251–271, 255–257.
[bei Beiträgen grundsätzlich immer die Gesamtseitenangabe zuerst, dann die spezifisch zitierten Seiten].

Beiträge in Zeitschriften: Florian Weiß, Die schwierige Balance. Österreich und die Anfänge der westeuropäischen Integration 1947–1957, in: Vierteljahrshefte für Zeitgeschichte 42 (1994) 1, 71–94.
[Zeitschrift Jahrgang/Bandangabe ohne Beistrichtrennung und die Angabe der Heftnummer oder der Folge hinter die Klammer ohne Komma].

Presseartikel: Titel des Artikels, Zeitung, Datum, Seite.
Der Ständestaat in Diskussion, Wiener Zeitung, 5.9.1946, 2.

Archivalien: Bericht der Österr. Delegation bei der Hohen Behörde der EGKS, Zl. 2/pol/57, Fritz Kolb an Leopold Figl, 19.2.1957. Österreichisches Staatsarchiv (ÖStA), Archiv der Republik (AdR), Bundeskanzleramt (BKA)/AA, II-pol, International 2 c, Zl. 217.301-pol/57 (GZl. 215.155-pol/57); Major General Coleman an Kirkpatrick, 27.6.1953. The National Archives (TNA), Public Record Office (PRO), Foreign Office (FO) 371/103845, CS 1016/205 [prinzipiell zuerst das Dokument mit möglichst genauer Bezeichnung, dann das Archiv, mit Unterarchiven, -verzeichnissen und Beständen; bei weiterer Nennung der Archive bzw. Unterarchive können die Abkürzungen verwendet werden].

Internetquellen: Autor so vorhanden, Titel des Beitrags, Institution, URL: (abgerufen Datum). Bitte mit rechter Maustaste den Hyperlink entfernen, so dass der Link nicht mehr blau unterstrichen ist.

Yehuda Bauer, How vast was the crime, Yad Vashem, URL: http://www1.yadvashem.org/yv/en/holocaust/about/index.asp (abgerufen 28.2.2011).

Film: Vorname und Nachname des Regisseurs, Vollständiger Titel, Format [z.B. 8 mm, VHS, DVD], Spieldauer [Film ohne Extras in Minuten], Produktionsort/-land Jahr, Zeit [Minutenangabe der zitierten Passage].

Luis Buñuel, Belle de jour, DVD, 96 min., Barcelona 2001, 26:00–26:10 min.

Interview: InterviewpartnerIn, IntervieweIn, Datum des Interviews, Provenienz der Aufzeichnung.

Interview mit Paul Broda, geführt von Maria Wirth, 26.10.2014, Aufnahme bei der Autorin.

Die englischsprachigen Zitierregeln sind online verfügbar unter: https://www.verein-zeitge schichte.univie.ac.at/fileadmin/user_upload/p_verein_zeitgeschichte/zg_Zitierregeln_en gl_2018.pdf

Es können nur jene eingesandten Aufsätze Berücksichtigung finden, die sich an die Zitierregeln halten!